AF331519

CANTIQUES

SPIRITUELS

SUR

LES PRINCIPALES VÉRITÉS

DE LA RELIGION

ET

DE LA MORALE CHRÉTIENNE;

DIVISÉS EN TROIS PARTIES:

*A l'usage des Catéchismes & des Ecoles
de la Paroisse Royale de Notre-Dame
de Versailles.*

Laudabo nomen Dei cum cantico, & magnificabo eum in laude.

Je célébrerai le nom du Seigneur par mes Cantiques, & je
publierai ses grandeurs par mes louanges. *Ps.* 68, *v.* 35.

A PARIS,

Chez CHARLES-PIERRE BERTON, Libraire,
rue S. Victor, vis-à-vis le Séminaire S. Nicolas-
du-Chardonnet, au Soleil levant.

M. DCC. LXXXII.

Avec Approbation & Privilege du Roi.

Le prix de ce Livre est de 15 sols broché.

AVIS

Aux Enfans qui fréquentent les Catéchismes de la Paroisse Notre - Dame.

Vous instruire d'une maniere également aiſée & agréable des vérités ſaintes de la Religion, vous former à la pratique des vertus qu'elle vous enſeigne, c'eſt, mes chers Enfans, l'unique objet que nous nous propoſons en vous mettant entre les mains ce nouveau Recueil de Cantiques ſpirituels. Heureux ! ſi le ſuccès répond aux motifs du zele qui nous anime ; il n'a pour but que d'éclairer votre foi, d'édifier votre piété, & de diriger les pas de votre enfance dans les voies de la ſainteté & de la juſtice.

L'uſage des Cantiques ſpirituels eſt auſſi ancien que la Religion ; dès la naiſſance de l'Egliſe, l'Apôtre exhortoit les Enfans de la foi à ſe remplir de l'Eſprit-Saint ; à s'entretenir & à s'édifier par le chant des Pſeaumes, des Hymnes & des Cantiques ſpirituels, à aceompagner le tribut de leurs levres, des fentiments de leur cœur (*), & à rendre de continuelles actions de graces à Dieu le Pere de toutes les faveurs qu'il leur avoit accordées par les mérites de notre Seigneur Jefus-Chrift (**).

Animés du même zele que le grand Apôtre, les Grégoire, les Hilaire, les Ambroife, les Paulin, &c, compoferent ces Hymnes facrés qui faifoient les délices des Chrétiens au milieu de leurs plus fatigantes occupations ; dont les Martyrs fe fervoient pour charmer l'ennui & l'obfcurité de leurs cachots, & dont ils faifoient retentir les échaffauds & les bûchers au milieu des plus rigoureux tourmens. Dans ces jours heureux du Chriftianifme naiffant, les Cantiques fpirituels n'étoient pas feulement pour le Chrétien un délaffement agréable, ils étoient encor un témoignage authentique de fa foi, la preuve de fa reconnoiffance, l'expreffion vive & animée de fon amour à la vue des merveilles de la puiffance du Seigneur, & des

---

(*) *Loquentes vobismetipfis, in Pfalmis, Hymnis & Canticis fpiritualibus, cantantes & pfallentes in cordibus veftris Domino.* **S. Paul,** *Éphef.* chap. 5, v. 19.

(**) *Gratias agentes femper pro omnibus in nomine Domini noftri Jefu-Chrifti, Deo & Patri.* Ibid. v. 20.

prodiges de fa miféricorde ; fes adorables perfections étoient dans les Affemblées & dans les Familles le fujet le plus ordinaire des converfations & des chants d'alégreffe. Il eft vrai, ces jours heureux où régnoient la paix & l'innocence, ont fait place au tumulte des paffions & des vices qui nous tyrannifent; il eft vrai,il n'y a prefque plus aujourd'hui que les Temples du Seigneur où l'on fe raffemble pour exalter fes merveilles & chanter fes louanges : prefque par-tout fes bienfaits font méconnus, fes divins attributs outragés, fon adorable nom blafphêmé ; les Villes & les Campagnes, les Places publiques & les Carrefours, les atteliers, & jufques dans le fein des Familles, & des Familles même qui fe difent encore Chrétiennes, les paffions les plus dangereufes font célébrées, font prefque divinifées ; prefque par-tout, mille voix font retentir les échos d'alentour de ces airs lubriques d'autant plus meurtriers qu'ils font plus vifs & plus piquans, de ces poéfies obfcènes fi funeftes dans leurs rapides fuccès, de ces chants facriléges dont l'ancien Paganifme même auroit rougi ; mais d'un fi déplorable changement, que conclure, mes chers Enfans ?.... Que les Cantiques fpirituels font inutiles ? & comme on ofe le dire aujourd'hui, hors de faison ? qu'ils ne peuvent plus être l'appanage que des fimples & des ignorans ?.... Non fans doute : car, premiérement les mêmes effets qu'ils ont produits dans tous les tems, ils lés produiroient bien fûrement encore dans celui-ci, fi l'ufage en étoit auffi familier : les grands biens qu'ils opèrent tous les jours dans les Miffions & dans les Retraites, en font une preuve que l'expérience rend authentique ; nous - mêmes, nous pourrions dire avoir vu plus d'une fois le Pécheur le plus obftiné, touché, attendri, vaincu par le chant des Cantiques, & fur-tout par les vifs fentimens qu'ils expriment, abjurer le vice, fecouer le joug des paffions, & en revenant à Dieu, s'écrier dans l'amertume d'un cœur fincérement pénétré :

Voici, Seigneur, cette Brebis errante
Que vous daignez chercher depuis long-tems :
Touché, confus d'une fi longue attente,
Sans plus tarder, je reviens & me rends.

D'ailleurs, chanter les louanges du Créateur que tous les êtres béniffent en leur maniere, n'eft-ce donc plus pour l'homme, & fur-tout pour le Chrétien, un devoir de tous les jours, & de toutes les faifons ? Eh ! à qui peut-il rendre l'hommage de fes talens, fi ce n'eft à celui de qui il les a reçus ? à qui peut-il confacrer fa voix qu'à celui qui ne l'a créé que pour le louer & le bénir éternellement ? Le chant des Cantiques facrés n'eft donc ni inutile, ni hors de faifon.

En fecond lieu, qu'on fe donne la peine d'examiner foigneufement & fans préjugé les Cantiques d'un Ifaïe, d'un Zacharie, d'un Ezéchias, d'un Jonas, d'un Daniel, celui fur-tout que compofa le Légiflateur des Hébreux en mémoire du prodige éclatant que le Ciel opéra en faveur de fon Peuple, & qui fera avec juftice toujours regardé comme un chef-d'œuvre, non-feulement de reconnoiffance & d'amour, mais encore de la poéfie la plus fublime, & de la plus majeftueufe éloquence ; enfin, ceux d'un David dont la douce & touchante onction nous entraîne encore aujourd'hui comme malgré nous. Qu'on life avec la même attention & la même impartialité ceux des Peres de l'Eglife que nous avons nommés, qu'on parcoure les poéfies facrées des Racine, des Jean-Baptifte Rouffeau, des le Franc de Pompignan, des Fénelon, des Fléchier & de tant d'autres Auteurs les plus célebres, qui, prefque de nos jours, ont cru ne pouvoir faire un plus légitime ufage de leurs rares talens, qu'en confacrant leur lyre à la louange de la Religion & de ſon Auteur ; & l'on verra ſi l'on peut ſans injuſtice, mettre ſeulement en parallele leurs ſolides ouvrages avec ces ſuperficielles & romaneſques productions qui inondent notre ſiecle, & dont le plus rare mérite eſt d'inſinuer plus adroitement toutes les paſſions ; l'on verra ſi la poéſie perd de ſes graces & de ſon véritable mérite pour combattre le vice & la licence, & pour célébrer l'aimable empire de la vertu ; nous diſons plus, bien ſûrement l'on avouera ce que reproche à notre ſiecle un Auteur reſpectable (*), que l'époque de ſa profanation eſt auſſi celle de ſa décadence, & que pour lui rendre ſon ancienne ſplendeur, il ne faudroit que la rappeller à ſa deſtination primitive, c'eſt-à-dire, célébrer les louanges du Créateur ; enfin l'on conviendra que cet odieux & injuſte mépris que l'on montre pour les chants ſacrés, n'a eu, & n'aura jamais d'autre ſource que l'oubli de Dieu, l'irréligion & le redoutable empire des paſſions !... Parce que l'on ſuit le penchant malheureux qui entraîne au mal, par une conſéquence inévitable, on ceſſe d'honorer par les accens de ſa voix le Dieu qu'on a banni de ſon cœur & qu'on déſ-

---

(*) M. de Pontbriant.

honore par fa conduite. On s'eft forgé de nouvelles Divinités, le vrai Dieu du Ciel & de la Terre n'eft plus rien, on chante l'objet que l'on aime.. Quel aveuglement ! quel crime ! quel plus déplorable malheur ! Puiffions-nous, membres d'une Religion fi univerfellement avilie, Miniftres d'un Dieu fi cruellement outragé, vous en préferver à jamais, vous au moins, précieufe & innocente jeuneffe, que le Ciel a confiée à nos foins ! eh ! quel objet plus digne de tous nos defirs & de tout notre zele ?

Pour y réuffir, nous avons choifi dans les plus célebres Auteurs tant anciens que modernes, & nous avons mis dans un ordre tout nouveau & le plus fuivi qu'il nous a été poffible, les points les plus importans du dogme & de la morale ; dans cette vue, nous avons divifé ce Recueil en trois Parties : dans la premiere, pour exciter en vous de vifs fentimens de reconnoiffance, d'amour, de fidélité, nous avons célébré les ineffables attributs de notre Dieu, fa grandeur, fa puiffance, fes bontés, fes largeffes ; pour vous éloigner du monde, de fes attraits, de fes plaifirs, nous en avons montré la frivolité, les dangers, la corruption ; nous avons expofé le bonheur du Jufte & fa félicité

future, nous avons peint fous des couleurs
fimples, mais vives, l'attrayant éclat de
la vertu, pour en graver profondément
les premiers traits dans vos jeunes cœurs ;
enfin nous avons détaillé les funeftes fuites
du vice & des paffions, nous les avons
combattus pour vous en infpirer de la haine
& vous engager à les fuir.

Les Myfteres d'un Homme-Dieu, tous
opérés en votre faveur & pour votre falut,
font l'objet de la feconde Partie, & parce
que les grandes vérités de la Religion font
avec raifon le fujet ordinaire des Retraites,
nous avons cru devoir les réferver pour
la troifiéme & les y placer en ordre fous
un feul point de vue, auffi nous ne chanterons dans la Retraite qui fe fait immé-
diatement avant la premiere Communion,
que les Cantiques de cette derniere Partie ; les autres, nous les chanterons dans
le cours de l'année, un avant, & un après
chaque Catéchifme, & nous les répéterons
le Dimanche fuivant fi le plus grand nom-
bre n'en a pas retenu les airs. Seulement
nous exhortons les Maîtres, & fur-tout les
Maitreffes, à qui il eft fans doute plus aifé
de les retenir pour peu qu'elles veuillent
s'y appliquer, de nous feconder dans cette
partie fi intéreffante de l'éducation dont

elles font chargées ; & pour cela , de faire chanter au moins une fois chaque jour dans leurs Écoles, ceux que nous aurons chantés le Dimanche précédent , afin que nous ne foyons point obligés de confacrer dans le Catéchifme un tems précieux à des ré- pétitions . & à des redites qu'il leur eft fi aifé de prévenir par ce moyen.

Il eft fans doute bien confolant pour nous, mes chers Enfans, de pouvoir vous donner dans cet Ouvrage une preuve de notre zele pour votre inftruction , & de notre attachement pour vous ; mais qu'il feroit bien plus doux encore, & que nous ferions bien abondamment dédommagés de notre travail, fi en vous mettant fous les yeux les grandes vérités qu'il renferme pour être l'objet de vos Cantiques , nous réuffiffions à en faire l'aliment de votre foi & la regle de vos mœurs ! Nous le répé- tons, c'eft le feul but que nous nous fom- mes propofé ; mais hélas ! que peuvent les efforts de l'homme, fi Dieu ne les fé- conde par fa grace ? Daigne donc ce Dieu de toute bonté , bénir ce Recueil que nous n'avons entrepris que pour fa gloire ! puif- fiez-vous vous-mêmes en vous le rendant familier, y puifer l'efprit de la Religion, l'horreur du vice, le goût de la vertu , le mépris des biens périssables, le désir du célèste bonheur, & enfin les sentimens les plus vifs & les plus purs du divin amour ! Ainsi soit-il.

LIVRES qui se trouvent chez le même Libraire.

ABRÉGÉ de la sainte Bible, en forme de questions & réponses familières, par le P. D. Guérard, Bénédictin, 2 vol. *in-12*,   5 l.

Catéchisme sur les Fondemens de la Foi, tiré du Livre des Fondemens de la Foi, mis à la portée de toutes sortes de personnes, par M. Aimé, Chanoine de l'Eglise d'Arras, *in-18*,   1 l. 5 s.

Le Livre des Enfans & des jeunes gens sans études, ou idées générales des choses qu'ils ne doivent pas ignorer ; suivis d'Elémens de Chronologie pour l'Histoire Ancienne ; &c, par M. Feutry, *in-18*,   1 l. 10 s.

Histoires & Paraboles du P. Bonaventure, petit *in-12*,   1 l. 10 s.

Exercices ordinaires du Chrétien, avec les Pensées Chrétiennes pour tous les jours du mois, *in-18*,   1 l. 5 s.

CANTIQUES
SPIRITUELS.

PREMIERE PARTIE.

L'EXISTENCE DE DIEU.

Sur l'A**ı****R** : *A l'ombre de ce verd bocage, &c.*

Lᴇs Etres ont tous leur langage
Pour louer un Dieu Créateur :
Il n'eſt rien qui ne rende hommage
Dans l'univers à ſon Auteur :
L'aſtre brillant de la lumiere,
Par ſon éclat majeſtueux,
Dans tout le cours de ſa carriere
L'annonce, en parle à tous les yeux.

Il eſt ſa rayonnante image ;
Mais Dieu peut-il ſe concevoir ?
Notre œil, qui de loin l'enviſage,
De trop près ne ſauroit le voir.
Je connois un Dieu, je l'adore ;

A

De ses bienfaits mon cœur jouit ;
Quel est-il en soi ? je l'ignore ;
Par son éclat il m'éblouit.

L'insecte qui dans la nature
Est le plus vil, le plus petit,
Prêche à nos yeux par sa structure
La main puissante qui le fit :
O quel spectacle magnifique
Que les organes de son corps !
Quelle admirable méchanique
Que ses invisibles rapports !

Ce que je sens en moi, qui pense,
Ne prouve-t-il pas clairement
Qu'il est une autre intelligence
Qui doit penser parfaitement ?
L'homme pourroit parler en sage
Et des moyens & de la fin ,
Et l'auteur d'un si bel ouvrage
Seroit un aveugle destin !

Non , le systême de l'impie
N'est tout au plus que dans son cœur ;
Et c'est plutôt une folie,
Qu'un sentiment ou qu'une erreur :
Si jamais sa raison sommeille,
Et goûte un calme séducteur,
Le cri de l'Univers l'éveille,
Et lui rappelle un Créateur.

LA GRANDEUR DE DIEU.

Sur l'AIR : *Amour fidèle, &c.*

HONNEUR, hommage
Au seul, au vrai Dieu,
Sans cesse, d'âge en âge,
Au Ciel, en tout lieu.   FIN.

Honneur, &c.

Près de sa puissance
    Rien n'est grand,
Tout en sa présence
    Est néant.

Honneur, &c.

De la Terre entiere,
    Tous les Dieux
Sont cendre & poussiere
    A ses yeux.

Honneur, &c.

LA PUISSANCE DE DIEU.

Sur un Air nouveau.

LA voix de l'Eternel enfanta l'Univers :
A son souffle bientôt l'homme dut sa naissance ;
Dieu dit : Que l'ordre regne, & sa toute puissance
Régla dès cet instant les mouvemens divers
Des astres, des saisons, des vents, de l'air, des mers.

A ij

La foudre eſt dans ſes mains, les éclairs l'environnent,
     A ſon aſpect les Cieux ſont étonnés,
Des coupables humains les cœurs ſont conſternés ;
De crainte, de crainte les Enfers friſſonnent,
     Et l'on voit à ſes pieds,
Et l'on voit à ſes pieds les Démons enchaînés.
D'un ſeul de ſes regards il ébranle la Terre ;
Sur les aîles des vents il traverſe les airs ;
     Le feu rapide des éclairs
     Annonce, annonce au genre humain
     Le bruit, le bruit de ſon tonnerre,
Lui ſeul, lui ſeul peut limiter l'immenſité des mers ;
     Lui ſeul peut mettre un frein
     Aux fureurs de la guerre :
Son pouvoir ne dépend que de ſa volonté ;
     Il paroît, l'Enfer tremble,
Il paroît, l'Enfer tremble, & l'homme eſt racheté.

ÉLÉVATIONS A DIEU

A LA VUE DES CRÉATURES.

Sur l'Air : *Dans nos hameaux la paix, &c.*

DU Roi des Cieux tout célebre la gloire,
Tout à mes yeux peint un Dieu Créateur ;
De ſes bienfaits perdrois-je la mémoire ?
Tout l'Univers m'annonce ſon Auteur ;
L'aſtre du jour m'offre par ſa lumiere
Un foible trait de ſa vive clarté :
Au bruit des flots, à l'éclat du tonnerre,
Je reconnois le Dieu de Majeſté.

Petits oiſeaux de ce riant bocage,
Chantez, chantez, redoublez vos concerts :

Par vos accens, rendez un digne hommage
Au Dieu puissant qui régit l'Univers :
Par vos doux sons, votre tendre ramage,
Vous inspirez l'innocence & la paix,
Et vos plaisirs, du moins, ont l'avantage
Que les remords ne les suivent jamais.

Aimables fleurs, qui parez ce rivage,
Et que l'Aurore arrose de ses pleurs ;
De la Vertu vous me tracez l'image
Par l'éclat pur de vos vives couleurs ;
Si vous séchez où l'on vous voit éclore,
Et ne brillez souvent qu'un jour ou deux,
Votre parfum après vous dure encor,
De la Vertu symbole précieux.

Charmant ruisseau qu'on voit dans la prairie
Fuir, serpenter, précipiter ton cours,
Hélas ! tel est celui de notre vie :
Comme tes eaux, s'écoulent nos beaux jours ;
Tu vas te perdre, à la fin de ta course,
Au sein des mers, d'où rien jamais ne sort ;
Et tous nos pas, ainsi dès notre source,
Toujours errans, nous menent à la mort.

Timide agneau qui païs dans cette plaine,
Que tu me plaîs par ta docilité !
Au moindre mot du Berger qui te mene,
On te voit suivre avec fidélité.
Si des Pasteurs choisis pour nous conduire,
Nous écoutions comme toi la leçon,
Des loups cruels voudroient en vain nous nuire ;...
Tu suis l'instinct mieux que nous la raison.

A iij

Cher papillon, qui d'une aîle légere,
De fleur en fleur voles sans t'arrêter,
De nos desirs tel est le caractere :
Aucun objet ne peut nous contenter ;
Nous courons tous de chimere en chimere,
Croyant toujours toucher au vrai bonheur ;
Mais ici-bas, c'est en vain qu'on espere,
Et Dieu peut seul remplir tout notre cœur.

INVITATION A CHANTER
LES LOUANGES DE DIEU.

Sur l'Air : *L'Amour veut vous surprendre, &c.*

Aux doux concerts des Anges
Mêlons tous nos louanges :
Chantons, de la voix & du cœur,
Chantons, comme eux, le Seigneur.

Aux doux, &c.

Seul, de notre langage,
Il mérite l'hommage ;
Et seul, il doit être, en tout tems,
L'objet aimé de nos chants.

Aux doux, &c.

En lui tout est aimable ;
Charmant, grand, adorable,
Sa gloire, son nom, ses attraits,
Ses œuvres & ses bienfaits.

Aux doux, &c.

Chantons-le dans lui-même,
Dans sa beauté suprême ;
Chantons, & ne nous lassons pas,
Chantons ses divins appas.

Chantons-le, &c.

Les Saints, dans sa présence,
Trouvent leur récompense,
Leur paix, leur plaisir, leur grandeur,
Le comble de leur bonheur.

Chantons-le, &c.

Toujours inépuisable,
Toujours nouveau, durable,
L'éclat éternel de ses traits
Ne se flétrira jamais.

Chantons-le, &c.

Que son nom est louable,
Puissant, doux, admirable !
Chantons, bénissons-le toujours,
Jusqu'au dernier de nos jours.

Que son nom, &c.

A ce nom tout tremble,
Tout se prosterne ensemble
Au Ciel, sur la terre & les mers,
Et dans le fond des Enfers.

Que son nom, &c.

A iv

Mais s'il est redoutable,
Combien il est aimable !
Heureux mille fois est le cœur
Qui peut goûter sa douceur !

Que son nom, &c.

Tout prêche sa puissance
Et sa magnificence :
Chantons, consacrons nos concerts
Au Dieu qui fit l'Univers.

Tout, &c.

C'est sa main libérale
Qui pour nous seuls étale
Tout ce riche amas de beautés
Qui tient nos yeux enchantés.

Tout, &c.

Mais toute la nature
N'est, malgré sa parure,
Qu'un foible rayon de ses traits,
Qu'une ombre de ses attraits.

Tout, &c.

Nous sommes ses ouvrages,
Ses temples, ses images :
Chantons, célébrons à jamais
L'Auteur de tant de bienfaits.

Nous, &c.

Pour nous, quittant son trône,
Il s'immole, il se donne ; ....
Pour tant de faveurs, tant d'amour,
N'auroit-il point de retour ?

Nous, &c.

Tout pour lui rendre hommage
Sait se faire un langage,
Et nous, connoissant ses appas,
Seuls, ne le bénirions pas !

Nous, &c.

COMBIEN IL EST DOUX DE CHANTER LES LOUANGES DE DIEU.

Sur l'Air : *Dans nos bois l'on vit plus heureux.*

LA douceur
Qu'on goûte à chanter le Seigneur,
Charme, comble d'alégresse un cœur.　　Fin.
La douceur, &c.
Les œuvres de sa puissance,
Son tendre amour, sa grace, sa clémence,
Tout anime à la fois
Les accens de ma voix.
De sa sagesse,
Les aimables loix,
Sa féconde largesse,
Ses doux bienfaits,
Ses divins attraits,
Tout, pour louer son nom, enflamme mon ame.
La douceur, &c.

A v

TOUTES LES CRÉATURES INVITÉES A BÉNIR DIEU.

Sur l'AIR : *Militaire du Drapeau.*

AU Dieu de l'Univers,
Que tous les Peuples divers
Confacrent dans tous les tems,
Leurs concerts, leurs vœux, leur encens ;
Qu'à lui feul tout honneur ;
Que tout être
Loue & fon Auteur
Et fon Maître ;
Que toutes les voix
Chantent fon faint Nom à la fois.

Seul, il avoit été
Régnant fur l'Eternité ;
Et tout, à lui feul préfent,
Etoit dans l'oubli du néant.
Il dit, & fous fes yeux
Naît le monde,
La Terre & les Cieux,
L'air & l'onde ;
Tout le genre humain,
Ne fut qu'un effai de fa main.

Anges & Séraphins,
Puiffances & Chérubins,
Vous tous que fes faints attraits
Raviront d'amour à jamais !
Des céleftes ardeurs
De vos flammes ;

Brûlez & les cœurs
Et les ames :
Dans tous les Mortels,
Rendez vos transports éternels.

❧

O Cieux ! produifez - vous ;
Brillez, développez - nous
Ces traits de gloire entaffés,
Que fes doigts divins ont placés.
Quel azur lumineux
Vous colore !
Quel effain de feux
Vous décore !
Que de fortes voix
Prêchent fa puiffance à la fois.

❧

O jour ! que ta clarté,
Ta douce férénité,
L'enfemble de tes bienfaits,
Nous font bien fentir fes attraits !
Malgré tous tes appas,
Ta parure,
Tu n'es même pas
La figure
Du jour immortel,
Qui luit fur fon trône éternel.

❧

O nuit ! de ton Auteur,
Révele la profondeur :
Sa gloire & fa Majefté
Sont empreintes dans ta beauté.
Tes doux flambeaux, la paix
De tes ombres,
Tes voiles épais,
Tes traits fombres

A vj

Le font, à leur tour,
Auſſi grand que le plus beau jour.

⚹

Aſtre brillant des jours,
Pourſuis ton rapide cours :
Fais voir l'éclat de tes feux
Aux climats les plus ténébreux.
Etale ſa ſplendeur
Sur les ondes ;
Montre ſa grandeur
Aux deux mondes ;
Annonce en tout lieu,
Que ton Créateur eſt un ſeul Dieu.

⚹

Vous, Aſtres de la nuit,
Par qui ſon ombre vous luit,
De quels amas de clarté
Frappez-vous nos yeux enchantés ?
Vos courſes, vos retours,
Vos abſences,
Vos vaſtes contours ;
Vos diſtances,
Diront à jamais
Que le bras d'un Dieu vous a faits.

⚹

Terre, c'eſt le Seigneur,
Qui fut le ſeul Créateur
Des germes de ces tréſors,
Dont il enrichit tes dehors.
Montre-nous tes beautés,
Tes ſpectacles,
Ses dons, ſes bontés ;
Ses miracles,
Et bénis ſa main,
Qui rend ſi fertile ton ſein.

⚹

Plaines, déferts, vallons,
Collines, rochers & monts,
Ruiffeaux, fleuves & forêts,
Célébrez fa gloire à jamais.
Que vos divers accens
Se confondent ;
Que les Elémens
Vous fecondent ;
Que tous les vivans
Soient autant d'échos de vos chants.

Du bruit de fa grandeur,
Portez au loin la terreur,
Nuages, qu'un Dieu vengeur
Charge de fa jufte fureur !
Que vos éclairs perçans,
Vos ténebres,
Vos éclats bruyans
Et funebres,
Difent aux humains
Que la foudre n'eft qu'en fes mains.

Rends fon nom glorieux,
O mer, étale à nos yeux
Ton calme brillant & doux,
Les horreurs de ton fier courroux,
Tes monftres, tes tyrans,
Tes victimes,
Tes flots, tes torrens,
Tes abymes,
Tes bords où fon bras
Mit un frein à tes attentats.

Vous, animaux divers,
Dont l'air, la terre & les mers

Nous montrent l'agilité,
Les essains, l'instinct, la beauté,
Réuniffez, vous tous,
Votre hommage;
Que tout foit en vous
Un langage,
Qui rende au Seigneur
Son tribut d'amour & d'honneur.

Déployez, ô Saifons,
Vos eaux, vos fœux, vos glaçons,
Vos neiges, vos aquilons,
Vos zéphirs, vos charmes, vos dons.
Venez de jour en jour,
Nous inftruire ;
Venez tour-à-tour
Nous redire,
Qu'un Dieu Tout-Puiffant
Regle votre cours renaiffant.

Chef-d'œuvre de fes mains,
Portrait de fes traits divins,
O toi, pour qui font éclos,
Homme, tant d'ouvrages fi beaux !
Admire la fplendeur
De ton être :
Mais rends-en l'honneur
A ton Maître.
Pouffiere & néant,
Reconnois que lui feul eft grand.

Prêtres de l'Eternel,
Miniftres de fon Autel,
Echos de fes faintes Loix,
Elevez pour lui votre voix.

Vivez purs à ses yeux,
De tout crime ;
Offrez en tout lieu
La victime,
Qui, par sa valeur,
Peut seule égaler sa grandeur.

Vous, Justes, dont le cœur,
Pour lui brûle de ferveur,
Sans cesse de vos transports
Redoublez l'ardeur, les efforts.
La pure activité
De vos flammes,
La sincérité
De vos ames,
Vos vœux innocens,
Sont pour lui le plus-doux encens.

De l'aurore au couchant,
Du nord au climat brûlant,
Que tout ce qui voit le jour,
Soit rempli de son saint amour.
Au seul nom du Seigneur,
Que tout plie ;
Que toute hauteur
S'humilie :
Que tous les mortels
Ceignent à jamais ses Autels.

Auguste Trinité !
O seul Dieu de Majesté !
Que toute l'Eternité
Loue, adore ta sainteté,
Tes loix, ton équité,
Ta puissance,

Ton nom, ta bonté,
Ta clémence,
Ton infinité,
Ta grandeur, ton immensité.

SUR LE SERVICE DE DIEU.

Sur l'AIR : *Vous dites toujours, Maman, &c.*

NE servons que le Seigneur ;
A lui seul donnons notre cœur.
Sans lui, point de grandeur,
Point de vrai bonheur,
Point de douceur ;
Seul il est aimable,   Seul bienfaisant,
Seul adorable.   La paix qu'on ressent
En le servant,   Est inaltérable.

Ne servons que le Seigneur ;
A lui seul donnons notre cœur.
En lui tout est grandeur,
Tout est vrai bonheur,
Tout est douceur.
D'un si bon Maître,   Qui suit la voix,
Ne cesse d'être   Heureux sous ses loix. FIN.

Seul bien suprême,   On doit l'aimer :
Et plus on l'aime,
Plus il a de quoi charmer. D'un si bon, &c. &c.

Ses bienfaits,
Ses divins attraits,
Dans sa paix,
Font nos délices à jamais. D'un si bon, &c. &c.

Ne servons, &c.

LA DOUCEUR DU JOUG
DU SEIGNEUR.

Sur l'Air : *Tout me dit que Lindor est charmant,*

O Qu'il est doux, le joug du Seigneur !
  Qu'il a de charmes, & qu'un cœur,
Qui sous lui se range, goûte de bonheur !
  S'il offre à nos yeux quelque rigueur,
  Quand on le porte avec ferveur,
    Sa rigueur se change,
  Se répand en source de douceur.   FIN.

    La tranquille innocence,
      La vive confiance,
    Le calme de la paix,
      Sont de ses bienfaits
Le céleste gage :   Loin de lui les pleurs,
Les sombres frayeurs,   Les maux des pécheurs ;
Sous lui, de nos croix,   Disparoît le poids ;
    Heureux qui l'a pour partage !

  O ! qu'il est doux, &c.

LA NÉCESSITÉ DE S'ATTACHER
A DIEU, SUR-TOUT DANS
LA JEUNESSE.

Sur l'Air : *Riez sans cesse, &c.*

Tendre jeunesse,
Que votre tendresse,
  Que votre cœur
Soit tout pour le Seigneur.

Heureux qui l'aime
Lui feul, dès le berceau même :
En l'aimant toujours,
On n'a que de beaux jours.

Je te détefte,
Volupté funefte,
Fatal poifon,
Qui féduis ma raifon ;
Tu nous enchantes
Par des images riantes ;
Mais que tes douceurs
Entraînent de malheurs !

Grandeurs mondaines,
Que vous êtes vaines !
De vos appas
Que je fais peu de cas !
Dans votre pompe,
Tout nous plaît, mais tout nous trompe;
C'eft un faux brillant
Que diffipe un inftant.

Biens méprifables,
Tréfors périffables,
Par quelle erreur
Abufez-vous le cœur ?
Combien de vuide
Trouve dans vous l'homme avide;
Plus il vous connoît,
Moins il eft fatisfait.

Monde profâne,
Jefus te condamne ;

Qui suit ta loi,
Se perdra comme toi.
Monde perfide,
Tes biens n'ont rien de solide :
Non, non, tes attraits
Ne me vaincront jamais.

Dieu seul aimable,
Seul bien véritable,
De notre cœur
Peut faire le bonheur :
Heureuse l'ame
Qu'il embrase de sa flamme !
Lui seul peut charmer
Des cœurs faits pour l'aimer.

Jesus aimable !
Sauveur adorable !
Rien n'est si doux
Que de n'aimer que vous.
Oui, je vous aime,
Plus que tout, plus que moi-même ;
Mon cœur, sans retour,
Vous donne son amour.

LE BONHEUR DE CEUX QUI S'ATTACHENT A DIEU DÈS LA JEUNESSE.

Sur l'Air : *L'Amour vous appelle, &c.*

HEUREUSE l'enfance,
Dont les tendres ans,

Dans leur innocence,
Vont toujours croiſſans !

Heureuſe, &c.

Les jours de cet âge
Donnés au Seigneur,
Sont un ſûr préſage
Du plus doux bonheur.

Heureuſe, &c.

La Vertu naiſſante,
Devient à jamais,
La ſource abondante
D'une ſainte paix.
Son empire ſeul attire
Tous les biens parfaits.

Heureuſe, &c.

Heureuſe l'enfance, &c. Heureuſe, &c.
Dieu fixe ſur elle
Son puiſſant ſecours ;
L'ombre de ſon aîle
Couvre tous ſes jours.

Heureuſe, &c.

De ſon innocence,
L'éclat renaiſſant,
A l'adoleſcence
Paſſe floriſſant,
Et décore plus encore
L'âge vieilliſſant.

Heureuſe, &c.

PRIERE

POUR DEMANDER A DIEU LA GRACE DE LE SERVIR DANS LA JEUNESSE.

Sur l'AIR : *Dans ce lieu désert, &c.*

GARDEZ dans moi, Seigneur, l'inestimable don,
 Et le trésor de la Justice ;
 Empêchez que ni le Démon,
 Ni le monde me le ravisse.

Fortifiez mon cœur contre les passions
 Qui s'élevent dans la jeunesse ;
 Réglez mes inclinations
 Sur votre éternelle sagesse.

Tenez-moi par la main, Seigneur, sur le penchant
 De l'abîme & du précipice,
 Au bord du rapide torrent,
 Qui dans cet âge, entraîne au vice.

Que d'écueils, où cet âge, ô mon Dieu, va périr !
 Que de tempêtes ! que d'orage !
 Et que de dangers à courir !
 Hélas ! sans vous, je fais naufrage.

Que votre sainte Loi fasse tous mes plaisirs ;
 De cette Loi que je m'instruise,
 Qu'elle regle tous mes desirs,
 Que par elle je me conduise.

Que je n'attende pas à vous donner mon cœur,
   Après l'avoir ouvert aux vices;
Mais que de ma vie, ô Seigneur!
   Je vous confacre les prémices.

Que mon corps, chaque jour, avec l'âge croiffant,
   En fainteté mon ame croiffe;
Et femblable à Jefus enfant,
   Que j'avance en grace, en fageffe.

LE VRAI BONHEUR NE SE TROUVE QU'EN DIEU.

Sur l'AIR : *Le cœur que tu m'avois donné, &c.*

ENTENDRONS-NOUS vanter toujours
   Des beautés périffables,
De faux plaifirs, de vains amours
   Paffagers & coupables?
Songes brillans, beaux jours perdus,
Beaux jours, vous ne reviendrez plus.

Nous paffons d'erreurs en regrets,
   De menfonges en folie.
Hélas! nous ne vivons jamais;
   Nous attendons la vie:
Et l'efpoir qui fuit les defirs,
Eft plus trompeur que les plaifirs.

L'amertume eft dans les douceurs,
   Dans nos projets la crainte;
Le néant au fein des grandeurs,

Dans les travaux la plainte.
O bonheur defiré de tous !
Bonheur tranquille, où fuyez-vous?

Vous êtes d'un Dieu Créateur,
    Et l'effence & l'ouvrage:
Habiteriez vous dans un cœur
    Criminel & volage ?
Bonheur, enfant du pur Amour,
La terre n'eft point ton féjour.

Que cet Amour porte mes vœux
    Sur fon aîle rapide,
Au trône qu'entourent fes feux
    Où le repos réfide ;
Grand Dieu ! quel Etre dois-je aimer,
Que l'Etre qui m'a fu former ?

Nos jours font courts & douloureux ;
    Ce n'eft qu'une ombre vaine :
Notre gloire échappe comme eux,
    Et l'oubli nous entraîne :
Mais le tendre amour de ta Loi,
Nous rend éternels, comme toi.

UN CHRÉTIEN DOIT SE DONNER
A DIEU SANS PARTAGE.

Sur l'AIR *du Menuet d'Exaudet.*

LE Seigneur
Sans partage ;
J'immole dès ce jour,

Veut un cœur
C'en eft fait, à fon amour,
Tout rival qui l'outrage.

Faux honneurs,   Biens trompeurs,
Foibles charmes,   Vous n'êtes plus à mes
                             yeux
Qu'un objet odieux   De larmes.
      Ah ! dans mon erreur extrême,
      J'ai, de la Grandeur suprême,
          Méprisé,   Refusé
            La tendresse ;
      Mais son amour s'est vengé,
        Et d'un trait embrasé
            Me blesse.

O mon Roi !   Sous ta loi
Je m'engage ;   Et prosterné devant toi,
Je t'offre de ma foi   L'irrévocable hommage.
En tout lieu   Que ton feu
Me consume,   Et qu'en cent climats
                             divers,
Ma voix dans l'Univers L'allume.

⚬

    Ici-bas,   Tout, hélas !
N'est qu'un songe ;   Le plaisir fuit à l'instant,
Et laisse en nous quittant Un remords qui nous
                             ronge.
Si je vois   Sous mes loix
Un Empire,   Après un bien plus par-
                             fait,
Mon cœur peu satisfait Soupire.
      Quand mon nom couvert de gloire
      Effaceroit la mémoire
    Des plus grands   Conquérans
            Qu'on renomme,
      On verroit qu'un vain honneur
        Ne fait pas le bonheur
            De l'homme.

Vous savez,   Vous pouvez,

Dieu

Dieu suprême ! Remplir seul tous mes souhaits,
Et maintenir la paix Dans un cœur qui vous aime ;
Hors de vous Rien n'est doux,
Tout m'afflige, Et le desir d'être heureux,
A mettre en vous mes vœux, M'oblige.

Plaisirs vains, Incertains,
Pleins d'allarmes, Ah ! vous feriez mon malheur ;
Non, non, jamais mon cœur N'estimera vos charmes.
Mon Seigneur, Mon Sauveur
Le demande ; J'entends sa puissante voix,
Fuyez,... le Roi des Rois Commande.
Devant le Maître du Monde
Que tout être se confonde,
En voilant   Humblement
Son visage,
Reconnoisse son néant,
Et rende au Tout-Puissant
Hommage.

La beauté, La clarté
La plus vive N'est auprès de sa grandeur
Qu'une sombre lueur, Qu'une ombre fugitive ;
O amour, En ce jour
Viens m'entendre, Reçois mon cœur à jamais,
Rien n'y peut désormais Prétendre.

B

LE FAUX BONHEUR DU MONDE.

Sur l'Air : *Eſt-il ſans aimer des biens ? &c.*

Est-il de bonheur
Pour qui s'attache au monde ?
Non , non ,
Qui l'aime eſt dans l'erreur :
Et que gagne un cœur,
Qui ſur ſes biens ſe fonde ?
Rien , rien.
Le monde eſt un trompeur.　　　FIN.

Ses plaiſirs ,
Dont les attraits nous frappent,
Malgré nous s'échappent
Loin de nos deſirs.
Sa gloire brillante,
Son jour ſpécieux,
Ne ſont qu'une ombre amuſante
Qui ſéduit nos yeux.

Eſt-il , &c.

De ſes charmes
Naiſſent nos allarmes.
Ses douceurs
Finiſſent par nos pleurs.
Hélas ! combien de crimes ,
Que d'abîmes !...... quelle horreur
Entraîne ſa faveur ! .... mon malheur
Fut dans ſon eſclavage..... mais je m'en dégage
Pour être au Seigneur.

Eſt-il , &c.

LA VANITÉ DES CHOSES DU MONDE.

Sur l'AIR : *Militaire du Drapeau.*

Tout n'est que vanité,
Menfonge, fragilité,
Dans tous ces objets divers
Qu'offre à nos regards l'Univers.
Tous ces brillans dehors,
Cette pompe,
Ces biens, ces tréfors,
Tout nous trompe,
Tout nous éblouit;
Mais tout nous échappe, & tout fuit.

Telles qu'on voit les fleurs
Avec leurs vives couleurs,
Eclore, s'épanouir,
Se faner, tomber & périr;
Tel eft des vains attraits
Le partage,
Tels l'éclat, les traits
Du bel âge,
Après quelques jours
Perdent leur beauté pour toujours.

En vain pour être heureux
Le jeune voluptueux
Se plonge dans les douceurs
Qu'offrent les mondains féducteurs
Plus il fuit les plaifirs
Qui l'enchantent,
Et moins fes defirs
Se contentent:

B ij

Le bonheur le fuit,
A mesure qu'il le poursuit.

Que doivent devenir,
Pour l'homme qui doit mourir,
Ces biens long-tems amassés,
Cet argent, cet or, entassés ?
Fût-il du genre humain
Seul le maître,
Pour lui tout, enfin,
Cesse d'être :
Au jour de son deuil,
Il n'a plus à lui qu'un cercueil.

Que sont tous ces honneurs,
Ces titres, ces noms flatteurs?
Où vont de l'ambitieux
Les projets, les soins & les vœux ?
Vaine ombre, pur néant,
Vil atôme,
Mensonge amusant,
Vrai fantôme
Qui s'évanouit
Après qu'il l'a toujours séduit.

Tel qui voit aujourd'hui
Ramper au-dessous de lui
Un peuple d'adorateurs,
Qui brigue à l'envi ses faveurs,
Tel devenu demain
La victime
D'un revers soudain
Qui l'opprime,
Nouveau malheureux,
Est esclave & rampe comme eux.

J'ai vu l'impie heureux
Porter son air fastueux
Et son front audacieux
Au-dessus du cèdre orgueilleux ;
Au loin tout révéroit
Sa puissance,
Et tout adoroit
Sa présence ;
Je passe, & soudain
Il n'est plus ; je le cherche en vain.

Que sont donc devenus
Ces grands, ces guerriers connus ;
Ces hommes dont les exploits
Ont soumis la Terre à leurs loix ?
Les traits éblouissans
De leur gloire,
Leurs noms florissans,
Leur mémoire,
Avec ses héros,
Sont entrés au sein des tombeaux.

Au savant orgueilleux
Que sert un génie heureux ;
Un nom devenu fameux
Par mille travaux glorieux ?
Non, les plus beaux talens,
L'éloquence,
Les succès brillans,
La science
Ne servent de rien
A qui ne vit pas en Chrétien.

Arbitre des humains,
Dieu seul tient entre ses mains

B iij

Les événemens divers,
Et le fort de tout l'Univers ;
Seul il n'a qu'à parler,
Et fa foudre
Va frapper, brûler,
Mettre en poudre
Les plus grands héros
Comme les plus vils vermiſſeaux.

La mort dans fon courroux
Difperfe à fon gré fes coups,
N'épargne ni le haut rang,
Ni l'éclat augufte du fang.
Tout doit un jour mourir,
Tout fuccombe ;
Tout doit s'engloutir
Dans la tombe ;
Les Sujets, les Rois
Iront s'y confondre à la fois.

Oui, la mort, à fon choix,
Soumet tout âge à fes loix ;
Et l'homme ne fut jamais
A l'abri d'un feul de fes traits :
Comme fur fon retour
La vieilleſſe,
Dans fon plus beau jour,
La jeuneſſe,
L'enfance au berceau,
Trouvent tour-à-tour leur tombeau.

O combien malheureux
Eft l'homme préfomptueux,
Qui, dans ce monde trompeur,
Croit pouvoir trouver fon bonheur !

Dieu ſeul eſt immortel,
Immuable,
Seul grand, éternel,
Seul aimable;
Avec ſon ſecours,
Soyons à lui ſeul pour toujours.

PORTRAIT DU BONHEUR
DES MONDAINS.

Sur l'AɪR : *Des ſonges funeſtes d'Atys, &c.*

L'HOMME voluptueux
Paroît heureux;
On croit voir les plaiſirs
Combler tous ſes deſirs :
Mais ce trompeur
N'a qu'un fantôme de bonheur;
Les ſens flattés   Sont enchantés :
L'horreur eſt   Dans le cœur.
Ce cœur en vain veut chercher le repos;
Toujours battu des flots,
Les remords & les regrets,
Fruits amers de ſes forfaits,
Ne le laiſſeront jamais
Dormir au ſein de la paix.
Dieu terrible en ſes arrêts,
Va ſur lui raſſembler tous ſes traits.
Quel eſt enfin,
A la mort, ſon deſtin ?
Les fiers démons, tyrans cruels,
Vont l'entraîner dans les feux éternels.

DANGERS DU MONDE.

Sur l'AIR : *On dit par-tout que pour vous, &c.*

COMBIEN de flots nous pressent dans le monde,
Contre l'orage, on n'y voit point de port :
La terre & l'onde, tout est d'accord,
Tout s'y prépare à nous donner la mort;
Nous périssons si Dieu ne nous seconde.

Prêtant un voile à la laideur des vices,
A notre vue il fait les dérober;
Mille artifices font succomber,
A chaque pas on risque de tomber;....
C'est un chemin bordé de précipices.

Par ses faux biens, il cherche à nous séduire;
Il nous promet de combler tous nos vœux :
L'air qu'il respire est dangereux,
Ses faux honneurs éblouissent les yeux;....
De ses plaisirs que perfide est l'empire !

C'est à vous seul, grand Dieu ! que je m'adresse,
Dans le danger où je suis de périr :
Daignez sans cesse me secourir;
A tous momens je puis, hélas ! mourir,
Si votre main me laisse à ma foiblesse.

Que peut donner ce monde qui nous tente ?
Il promet tout, & ne tient jamais rien;
Ce qu'il nous vante est un faux bien :
Votre amour seul est digne du Chrétien :
Votre amour seul peut remplir notre attente.

LA CORRUPTION DU MONDE.

Sur l'AIR : *Le Dieu qui regne dans Cythere. &c.*

VIENS nous tirer de cet abyme,
Où, Seigneur, nous sommes perdus ;
La Terre est l'empire du crime,
On y cherche tes Saints, & l'on n'en trouve plus.

Tems déplorables où nous sommes !
Jours d'erreurs & d'iniquités !
Oui, mon Dieu, les enfans des hommes
Ont par-tout altéré tes saintes vérités.

On ne voit qu'indigne artifice,
Que mensonge, que trahison ;
Et l'insatiable avarice,
Au fond de tous les cœurs répand son noir poison.

Des levres vaines & flatteuses
Ton secours peut seul nous sauver :
Fais taire les langues menteuses ;
Déja contre toi-même on les voit s'élever.

Confonds ces hommes qui prétendent
Que rien ne leur doit résister ;
Puissans par le crime, ils demandent
Quel Maître en l'Univers ils ont à redouter.

J'entends les cris de l'innocence,
Je me leve, dit le Seigneur,
De la vertu, dans l'indigence,
Il est tems de finir l'opprobre & le malheur.

B v

C'eft à fon aide que je vole....
Il l'a dit, ne craignons plus rien ;
L'or eft moins pur que fa parole ;
Du pupille opprimé fon bras eft le foutien.

Tandis que dans leur folle ivreffe
Son courroux laiffe les humains,
Rendons hommage à fa fageffe
Qui fouvent à nos yeux dérobe fes deffeins.

LE MÉPRIS DU MONDE.

Sur l'AIR : *Nou boli pas douna mon cor, &c.*

JE te connois, monde flatteur,
Tu n'as rien qui ne foit frivole,
Tu n'as rien qui ne foit frivole.

Toute ta gloire & ta faveur
Paffe comme un fonge & s'envole,
Paffe comme un fonge & s'envole.

Je te connois, &c.

LA FUITE DU MONDE.

Sur l'AIR : *Vous dites toujours, Maman, &c.*

FUYONS le monde enchanteur ;
Il cauferoit notre malheur,
En lui tout n'eft qu'erreur,
Qu'ombre de grandeur,
Que faux bonheur.

Sa beauté riante,   Sous quelques traits,
Paroît charmante ;   Mais ni ses attraits,
Ni ses bienfaits   N'ont rien qui contente.

Fuyons le monde enchanteur,
Il causeroit notre malheur :
Ce n'est qu'un séducteur,
Qu'un tyran flatteur,
Qu'un imposteur.
Sous son empire,   Tout est poison,
Danger, délire,   Songe, illusion ;
Il nous caresse   Pour nous trahir,
Et sa tendresse
Ne conduit qu'au repentir.   Sous son, &c.

Les mépris,
Les tourmens, les cris
Sont le prix
De ses esclaves favoris.   Sous son, &c.

Fuyons le monde, &c.

ADIEU AU MONDE.

Sur l'AIR : *L'avez-vous vu, mon bien-aimé ? &c.*

FAUSSES douceurs,
Plaisirs trompeurs !
Séduisante chimère !
Oui pour jamais,   A vos attraits
Je fais l'adieu sincere.   FIN.

Vous nous plaisez,   Nous amusez ;
Mais hélas ! vous nous abusez ;
Vos plus beaux jours   Eurent toujours
Plus d'un épais nuage ;

Plus on vous fuit,   Et plus l'on fuit
　　Le vrai bonheur du Sage.

De vos biens les foibles lueurs
S'échappent comme des vapeurs ;
Et les malheurs,   L'effroi, les pleurs,
Les vers rongeurs,   Et l'Enfer même
　　Sont le prix de qui vous aime.

Fausses, &c.

FOIBLESSE DES HOMMES;
GRANDEUR DE DIEU.

Sur l'Air : *C'est une belle ambition, &c.*

Louez, mon ame, le Seigneur,
Rendez un légitime honneur
Au digne objet de vos louanges :
Oui, mon Dieu, je veux déformais
Partager la gloire des Anges,
Et ne chanter que vos bienfaits.

Renonçons au ftérile appui
Des grands qu'on implore aujourd'hui ;
En eux notre efpérance eft folle ;
Leur pompe indigne de nos vœux,
N'eft qu'un fimulacre frivole ;
Les vrais biens ne viennent pas d'eux.

Dieu feul doit faire notre efpoir :
Dieu de qui l'immortel pouvoir
Créa le Ciel, la Terre & l'Onde,

Qui tranquille du haut des airs,
Anima d'une voix féconde
Les êtres de cet Univers.

Heureux ! qui du Ciel occupé,
Et d'un faux éclat détrompé,
En lui seul met son espérance :
Il protege la vérité,
Et saura prendre la défense
De l'innocent persécuté.

Il offre au timide étranger
Un bras prompt à le protéger ;
De l'orphelin il est le pere ;
De la veuve il devient l'époux ;
Et par un châtiment sévere,
Des méchants il confond les coups.

Les jours des Rois sont en sa main ;
Leur regne est un regne incertain,
Il en a marqué les limites ;
Mais de son regne illimité
Les bornes ne seront prescrites
Par le tems ni l'éternité.

DIEU SEUL PEUT NOUS RENDRE HEUREUX.

Sur l'Air : *Non, non, Colette n'est point, &c.*

Non, non, la gloire ni les richesses
Ne nous peuvent rendre heureux ;
Je ris du monde & de ses promesses :

Dieu seul peut remplir mes vœux,
Dieu seul peut remplir mes vœux.   FIN.

Sa parole est immuable,
Je ne compte que sur lui ;
Il est solide, il est stable,
Qu'il soit mon unique appui.

Non, non, &c.

BONHEUR DE L'AME DÉGAGÉE DU MONDE.

Sur l'AIR : *Des ravages de Bellone, &c.*

MONDE, malgré tes promesses,
Tu n'auras jamais mon cœur ;
Je me ris de tes caresses,
Je méprise tes richesses ;
Je n'aime que le Seigneur :
Je soupire,   Je n'aspire
Qu'à lui prouver mon ardeur.
Pure flamme,   Dans mon ame,
Allume de saints desirs :
Que ma vie   Soit suivie
De tes immortels plaisirs.
Va, fuis, monde coupable ;
Va, fuis, monde trompeur ;
Trouver ton empire aimable,
C'est le comble du malheur.

Heureuse l'ame fidelle
Dont Dieu seul est tout l'espoir,
Qui dès que sa voix l'appelle,
Rend sa volonté rebelle
Soumise au divin Vouloir !

Que le monde   Parle, gronde,
Elle eſt toute à ſon devoir :
Et certaine   Que la peine
Conduit enfin au repos,
Sans rien craindre,   Sans ſe plaindre,
Elle endure tous ſes maux :
Sa foi, ſon eſpérance,
Sa foi, ſa charité
Attendent pour récompenſe
L'heureuſe immortalité.

PARALLELE DU VRAI FIDELE ET DE L'IMPIE.

Sur l'Air : *Si je ſavois, &c.*

Heureux l'homme que dans leur piége
Les méchans n'ont point fait tomber,
Qui ſouffre en paix ſans ſuccomber
Au conſeil pervers qui l'aſſiége ;
Et qui fidele à ſon devoir,
Dans la chaire où le crime ſiége,
Eut toujours horreur de s'aſſeoir.

Plein du zele qui le dévore,
Inébranlable dans ſa foi,
Sans ceſſe il médite la Loi
Du Dieu bienfaiſant qu'il adore :
De cet objet délicieux,
La nuit ſombre, l'humide aurore
Ne détournent jamais ſes yeux.

Tel un arbre que la nature
Plaça ſur le courant des eaux,

Ne redoute pour ſes rameaux
Ni l'aquilon, ni la froidure;
Dans ſon tems il donne des fruits;
Sous une éternelle verdure
Par la main de Dieu reproduits.

Tes jours, race impie & perfide,
Tes jours ne coulent point ainſi;
Leur éclat bientôt obſcurci
S'éteint dans leur courſe rapide,
Comme on voit en un jour brûlant,
Les vils débris du chaume aride
S'évanouir au gré du vent.

Mais le Juſte dans ſa carriere
Se prépare un bonheur ſans fin :
Le Pécheur, du ſéjour divin
Ne verra jamais la lumiere;
Et mille foudres allumés
Brûleront juſqu'à la pouſſiere
Où ſes pas furent imprimés.

LE BONHEUR DU VRAI CHRÉTIEN.

Sur l'AIR : *Oh ! que tu es aimable !* &c.

QUE vous êtes heureux, vous qu'une ſainte
flamme,
Au Sauveur adorable immole nuit & jour,
Et qui ſentez brûler dans le fond de votre ame
Les feux de ſon amour !

Votre cœur toujours calme, inceſſamment adore
Cet objet ſouverain dont il eſt amoureux.

Ah ! fideles Chrétiens, je vous le dis encore,
    Que vous êtes heureux !

La puiſſance du Ciel qui vous tient ſous ſa garde,
Vous fait des vains plaiſirs mépriſer les appas ;
Et c'eſt d'un œil égal que votre eſprit regarde
    La vie & le trépas.

Que ne puis-je être ainſi ! que ne puis-je ainſi vivre !
Je forme inceſſamment mille & mille deſirs ;
Je ſoupire après vous, mais il faut, pour vous ſuivre,
    Bien plus que des ſoupirs.

Je ſens que mon eſprit ſuccombe à la triſteſſe ;
Je ſens que l'eſpérance abandonne ma foi ;
Daignez être, ô Seigneur, l'appui de ma foibleſſe ;
    Mon Dieu ! conſolez-moi.

Faites luire en mon ame un rayon favorable ;
Dans cette extrêmité, venez me ſecourir :
Si vous ne ſoulagez le tourment qui m'accable,
    Où puis-je recourir ?

LES AVANTAGES D'UNE AME INNOCENTE.

Sur l'AIR : *Les doux plaiſirs habitent, &c.*

HEUREUSE l'ame où regne l'innocence,
Et qu'enrichit ſa premiere beauté !
Non, le bonheur du monde ſi vanté,
Les doux plaiſirs qu'enfante l'opulence,
N'ont rien d'égal à ſa félicité.

Du Tout-puiſſant, une ame ſainte & pure
Fixe ſur elle & le cœur & les yeux ;
Il s'y complaît : ce Dieu, du haut des Cieux
N'apperçoit rien, dans toute la nature,
Qui ſoit plus beau, plus grand, plus précieux.

Mais un objet plus cher à ſa tendreſſe,
Eſt la vertu dans un âge naiſſant ;
La conſerver ſans la perdre un inſtant,
Malgré le feu d'une foible jeuneſſe,
Eſt un ſpectacle encor plus raviſſant.

Vils amateurs de la gloire mondaine,
De ſes appas connoiſſez donc l'erreur ;
Tout cet éclat, tout cet air de ſplendeur,
Tous ces honneurs ne ſont qu'une ombre vaine :
Sans l'innocence, il n'eſt point de grandeur.

Tendres enfans ! aux délices perfides,
Aux faux plaiſirs n'ouvrez point votre cœur ;
N'aimez jamais, n'aimez que le Seigneur :
Dans ſon amour ſont les ſeuls biens ſolides,
Sans ſon amour il n'eſt point de bonheur.

Par quels attraits, le crime, & par quels charmes,
Peut-il, hélas ! pervertir tant de cœurs ?
Les noirs remords, & les vives frayeurs,
Le ver rongeur, les mortelles alarmes
Suivent toujours les traces des pécheurs.

Le ſort du Juſte eſt bien plus déſirable ;
De ſon bonheur rien n'arrête le cours :
Toujours content, ſon cœur goûte toujours

Les pures joies & la paix véritable ;
Ses jours, pour lui ne font que d'heureux jours.

A tout revers fon ame eft toujours préte,
Et fon efprit n'eft jamais agité ;
Tous les efforts de l'Enfer irrité,
Tous les malheurs raffemblés fur fa tête,
N'altérent rien de fa tranquillité.

Chéri de Dieu, toujours à Dieu fidele,
Toujours conftant à l'aimer à fon tour,
Des faints tréfors qu'il gagne chaque jour,
Il enrichit la couronne immortelle
Que le Seigneur réferve à fon amour.

Pour les pécheurs, la mort fi redoutable
S'offre à fes yeux fous des traits de douceur :
Rempli d'efpoir, fans trouble, fans frayeur,
Il meurt tranquille, & d'un fommeil aimable
Il paffe au fein de fon Dieu Créateur.

O vous ! dont l'ame encore belle & pure
Du crime a fu fe défendre toujours ;
Ah ! fi jamais même un feul de vos jours
Doit fe ternir de fa noire fouillure,
Qu'une mort prompte en abrege le cours !

REGRET D'AVOIR PERDU LA PREMIERE INNOCENCE.

Sur l'Air : *Solitaire témoin, &c.*

SEULE fource de biens, précieufe innocence !
O toi qui fus des cœurs le plus bel ornement !
Périffe à jamais le moment

Où tu délaissas mon enfance !
Le péché m'a ravi tes dons & mon bonheur :
  Mais je l'abhorre, & vers toi je soupire :
  Daigne t'ouvrir la porte de mon cœur ;
    Reviens y fixer ton empire,
  Reviens, reviens y fixer ton empire.

LES AVANTAGES DE LA VERTU.

Sur l'AIR : *Thémire est belle, &c.*

QUAND on vit dans l'innocence,
Quel bonheur a plus d'attraits ?
Sentir dans sa conscience
Regner le calme & la paix,
C'est avoir la jouissance
Des vrais biens, des biens parfaits.

Regarder sans jalousie
Les Grands au-dessus de nous,
Aider avec modestie
Ceux que Dieu met au-dessous,
C'est-là l'état de la vie
Le plus sûr & le plus doux.

Par l'envie ou l'avarice,
Un cœur qui se sent ému,
Dans un éternel supplice,
Vit troublé, vit combattu,
Et nous prouve que le vice
Coûte plus que la vertu.

Etre content du partage
Que le Ciel fit entre nous,

N'en faire qu'un faint ufage,
N'eft-ce pas un fort bien doux ?
Par-tout l'homme le plus fage
Fut le plus heureux de tous.

LA PAIX DU CŒUR.

Sur l'Air : *Préfent des Dieux, doux charme, &c.*

O SAINT repos ! ô calme plein d'attraits,
Digne objet de mes vœux, paix à jamais aimable !
   Une ame infidelle & coupable
Ne goûte point le fruit de tes divins bienfaits. FIN.

Mais lorfque dans un cœur tu peux voir l'innocence,
Tu viens pour y fixer ton regne & tes faveurs :
   Tu le ravis par ta préfence ;
   Et rien n'égale les douceurs
   Qu'il trouve dans ta jouiffance.

O faint, &c.

AMABILITÉS ET DESIRS DE LA VERTU.

Sur l'Air : *Monfeigneur, voyez mes larmes.*

O SAGESSE défirable !
Don des Cieux ineftimable !
O tréfor inépuifable
Qui fait le bonheur des cœurs !
Quand de ta préfence aimable,
Goûterai-je les douceurs ! Goûterai-je, &c.
FIN.

   L'innocence eft ta parure ;
   Ta beauté fut toujours pure ;

Ta gloire est solide & sûre ;
Tes jours calmes & sereins :
Ton regne m'augure
La félicité des Saints.

Loin de toi rien n'est tranquile,
Rien n'est grand, rien n'est utile ;
Tout est faux, tout est fragile,
Tout s'éclipse devant toi :
Heureuse est l'ame docile
Qui se range sous ta loi.   Qui se range, &c.

Vers toi seule je soupire ;
Viens étendre ton empire
Sur un cœur qui te désire ;
Viens l'enrichir de tes biens,
          Viens, viens.   O Sagesse, &c.

AVANTAGES DE LA FOI.

Sur l'Air : *Votre cœur, aimable Aurore*, &c.

Tout est doux & rien ne coûte,
Quand on croit bien vivement :
Dans la plus pénible route
On marche légérement ;
Mais dès l'instant que l'on doute,
Tout devient peine & tourment.

D'un rayon seul d'espérance,
Un mortel est consolé,
Dans la plus vive souffrance,
Jamais il n'est accablé ;
La foi tient lieu d'évidence,
Le vrai semble dévoilé.

Quel fort plus digne d'envie
Que d'être en Dieu raſſuré ?
On peut voir ſans jalouſie
Le riche au plus haut degré,
Quand aux biens de l'autre vie,
Son bonheur eſt comparé.

Un mortel dans ſa croyance
Bien ferme & bien raſſuré,
Eſt heureux ſi-tôt qu'il penſe
Au bien pour lui préparé,
Et c'eſt en jouir d'avance
Que d'en être pénétré.

Dieu puiſſant, Dieu que j'adore !
Je me livre à ta bonté ;
Mais ma foi trop foible encor
N'eſt qu'une incrédulité :
Aide-moi, Dieu que j'implore,
A chercher la vérité.

Ma raiſon, lumiere obſcure,
Ne me ſert qu'à m'égarer :
Ta parole toujours ſûre,
Seule a droit de m'éclairer :
Sans la grace, la nature
Ne ſauroit rien opérer.

LA CONFIANCE EN DIEU.

Sur l'AIR : *Si des Galans de la Ville, &c.*

LES Grands, les Princes du monde
Sont ſi foibles & ſi faux ;
Celui qui ſur eux ſe fonde,
Prend pour appui des roſeaux.

Seigneur, fois mon héritage,
Je n'attends rien que de toi :
Tu fais mieux, ô pere fage !
Ce qui me convient que moi.

Les Grands, &c.

Soumis à ta providence
Qui nourrit jufqu'aux oifeaux,
Avec-même confiance,
J'en attends les biens, les maux ;
Avec même confiance,
J'en attends les biens, les maux.

Les Grands, &c.

DOUCEUR DE L'ESPÉRANCE EN DIEU.

Sur l'Air : *Cherchons la paix dans cet afyle.*

MALGRÉ l'Enfer, mon cœur efpere
De poffíéder un jour les Cieux :
Je fortirai de la mifere,
Qu'à tout moment j'éprouve en ces bas lieux.
Maître des Cieux, aimable pere !
C'eft fur vous que j'ai toujours les yeux.

Fuyez de moi, vaines alarmes !
Loin de moi, injufte effroi ?
Puifque le Ciel reçoit mes larmes,
En vain l'Enfer confpire contre moi ;
Dans ce féjour rempli de charmes,
J'efpere voir mon adorable Roi.

N'efpere plus, mon ame, au monde ;
Ses maux font vrais, fes biens font faux ;
Et fa faveur eft comme l'onde,

Ou

Où la tempête éleve mille flots;
Si c'est fur Dieu que je me fonde,
Lui feul pourra mettre fin à mes maux.

Il ne veut pas que je périffe,
Il eft mon pere, il eft mon Roi;
S'il ne vouloit que mon fupplice
Dans le féjour & d'horreur & d'effroi,
Que deviendroit fon facrifice,
Et tout le fang qu'il a verfé pour moi?

Vous me rendrez toute affurance:
Divin Jefus! j'efpere en vous;
Et puifqu'enfin votre clémence
A triomphé du plus jufte courroux,
Tout affermit mon efpérance,
Je ne perdrai jamais un bien fi doux.

LA CHARITÉ.

Sur un Air ancien.

ÆN vain je parlerois le langage des Anges:
En vain, mon Dieu, de tes louanges
Je remplirois tout l'Univers:
Sans amour, ma gloire n'égale
Que la gloire de la cymbale,
Qui d'un vain bruit frappe les airs.

Que fert à mon efprit de percer les abîmes
Des myfteres les plus fublimes,
Et de tout voir dans l'avenir?
Sans amour, ma fcience eft vaine,
Comme le fonge dont à peine
Il refte un foible fouvenir.

C

Que me fert que ma foi transporte les montagnes ?
 Que dans les arides campagnes
 Les torrens naissent sous mes pas ?
 Où que ranimant la poussiere,
 Elle rende aux morts la lumiere,
 Si, dans ma foi, l'amour n'est pas ?

Oui, mon Dieu, quand mes mains de tout mon
 héritage
 Aux pauvres feroient le partage ;
 Quand même pour le nom Chrétien,
 Bravant les croix les plus infâmes,
 Je courrois me vouer aux flammes,
 Si je n'aime, je ne suis rien.

Que je vois de vertus qui brillent sur ta trace,
 Amour divin, fruit de la grace !
 Avec toi marche la douceur,
 Que suit avec un air affable
 La patience, inséparable
 De la paix, son aimable sœur.

Tel que l'astre du jour écarte les ténebres,
 Compagnes de la nuit funebres,
 Tel, tu dissipes d'un coup-d'œil
 L'envie aux humains si fatale,
 Avec la cohorte infernale
 Des vices nés du fol orgueil.

Exempt d'ambition, simple & sans artifice,
 Autant que tu hais l'injustice,
 Autant la vérité te plaît :
 Que peut la colere farouche
 Sur un cœur que jamais ne touche
 Le soin de son propre intérêt ?

Aux foiblesses d'autrui, loin d'être inexorable,
   Toujours d'un voile favorable
   Tu t'efforças de les couvrir.
   Quel triomphe manque à ta gloire ?
   L'amour fait tout vaincre, tout croire,
   Tout espérer & tout souffrir.

Un jour Dieu cessera d'inspirer les Oracles ;
   Le don des langues, les miracles,
   Le savoir, vont à leur déclin ;
   Seule la charité divine,
   Eternelle en son origine,
   Ne connoîtra jamais de fin.

Ici, dans nos clartés, tout n'est qu'énigmes sombres ;
   Mais Dieu sans voiles & sans ombres,
   Nous montrera tout dans les Cieux :
   Et sa lumiere inaccessible,
   Comme à ses yeux je suis visible,
   Sera visible à tous les yeux.

L'amour sur tous les dons l'emporte avec justice ;
   De notre céleste édifice
   La foi vive est le fondement ;
   La sainte espérance l'éleve,
   L'ardeur du pur amour l'acheve
   Et l'assure éternellement.

Quand pourrai-je t'offrir, charité, bien suprême !
   Au sein de la lumiere même
   Le chant sacré de mes soupirs ?
   Et toujours brûlant pour ta gloire,
   Puiser sans cesse, & toujours boire
   Aux doux torrens des vrais plaisirs ?

C ij

DOUCEURS DE L'AMOUR DE DIEU.

Sur l'Air : *Qu'il eſt aimable ! &c.*

Beauté ſuprême !
Dieu de mon cœur !
Dieu Sauveur !
Bienheureux qui t'aime !
Dans ſon bonheur
Combien de douceur !
Beauté ſuprême !
Dieu de mon cœur !
Dieu Sauveur !
Les jours où l'on t'aime
Furent toujours   Les ſeuls beaux jours.
Source ineffable
De biens parfaits !
Sans tes bienfaits,
Sans tes attraits,
Rien n'eſt aimable.   FIN.

Sans tes bienfaits, &c.

Dieu de nos ames,
Rends-nous heureux
Par tes feux :
Quand tu nous enflammes,
Tout devient doux
Et charmant pour nous.
Dieu de nos ames,
Rends-nous heureux
Par tes feux ;
Quand tu nous enflammes,
Tout autre bien   Ne nous eſt rien,
Le cœur qui t'aime

Eſt ſans deſir,
Peine ou plaiſir,
Vivre ou mourir,
Tout eſt le même.   FIN.
Peine, &c.

AVANTAGES DE L'AMOUR DE DIEU.

Sur l'AIR : *Non, ce n'eſt qu'au Village, &c.*

NON, non, non, non, non, rien n'eſt comparable
A l'amour du Seigneur. FIN. Non, &c.
Le bien le plus aimable
Ne vaut point ſa douceur.   Non, &c.

Heureuſe l'ame pure
Qu'il charme de ſes traits !
Son regne amene, aſſure
Le regne de la paix.   Non, &c.

Non, non, non, non, non ; c'en eſt fait, mon ame
Ne ſent que ſes attraits. FIN. Non, &c.
Sa ſainte ardeur m'enflamme,
Et me fixe à jamais.   Non, &c.

Lui ſeul ſera ſans ceſſe
Ma joie & mon recours,
Le bonheur, la richeſſe,
La gloire de mes jours.   Non, &c.

LE BONHEUR D'AIMER DIEU.

Sur l'AIR : *Je vis dans mon réduit, &c.*

DANS l'âge des erreurs,
Où l'exemple du vice,
Par des chemins de fleurs

C iij

Nous mene au précipice ;
Fuir toute autre délice
Que d'aimer le Seigneur,
Ce n'est point sacrifice,
C'est trouver le bonheur.

Quel charme il fait sentir
A des ames fidelles !....
Les maux qu'il faut souffrir
Sont des bienfaits pour elles :
Tant d'épines cruelles,
Pour qui sait le servir,
Sont des sources nouvelles
D'amour & de plaisir.

Pour de trompeurs objets
Quittons-nous la sagesse,
Le remords suit de près
Le charme de l'ivresse :
Un faux bien n'intéresse
Que pour nous mieux trahir ;
Notre propre foiblesse
Suffit pour nous punir.

Sous la loi du Seigneur,
Bien loin de me défendre
Du charme qu'en mon cœur
Sa bonté vient répandre,
J'aime ; il daigne m'entendre,
Il exauce mes vœux ;
C'est l'amour le plus tendre
Qu'il rend le plus heureux.

Si pendant tout le jour
J'implore sa puissance,

Il paye mon amour
Par ma persévérance :
Quelle reconnoissance
Peut m'acquitter jamais ?
Mon Dieu me récompense
Des présens qu'il m'a faits.

EFFETS DE L'AMOUR DE DIEU.

Sur l'AIR : *Beaux lieux qui tant de fois, &c.*

AMOUR, divin Amour ! ô que sous ton empire
On peut trouver de biens, éprouver de douceurs !
Plus on te goûte, & plus après toi l'on soupire,
Seul tu fais des heureux, seul tu ravis les cœurs. FIN.

Par ton secours, tout est doux & facile,
Et rien ne coûte à qui ressent tes feux.
Tes vifs attraits rendent l'ame docile
Aux saints efforts, aux transports généreux.
J'aime avec toi mes malheurs & mes larmes :
Et la mort même asservie à ta loi,
Est à mes yeux un objet plein de charmes :

'Amour, céleste Amour ! à jamais regne en moi.
'Amour, divin Amour ! &c.

DESIRS DE L'AMOUR DE DIEU.

Sur l'AIR : *Non, quand il chercheroit, &c.*

CÉLESTE Amour ! de biens source immortelle,
Viens m'animer,   Viens me charmer,
De tes traits viens m'enflammer :

Non, il n'est point pour une ame fidelle
De pure douceur,   Ni de vrai bonheur
Sans ton ardeur.   FIN.

Heureux le cœur
Qui brûle de ton zele !
Le mien désormais   Se rend à jamais,
Le mien désormais   Se rend à jamais
A tes attraits ,   A tes attraits.

Céleste Amour , &c.

Le bonheur que le monde admire
Et désire
N'est rien pour moi :
Je le déteste   Ce bien funeste ,
Et ne veux d'autre bien que toi.
Ton feu divin peut seul me plaire, Ton feu, &c.
Seul il peut faire mon sort heureux, Seul , &c.
Il est seul l'objet de mes vœux,
Il est seul l'objet de mes vœux,
L'objet de mes vœux.

Céleste Amour , &c.

SAINT DESIR DE VOIR DIEU AIMÉ.

Sur un Air nouveau.

DE l'amour du Seigneur,
Que tout respire   La sainte ardeur ;
Que son empire
Soumette tout cœur
Aux loix de sa douceur ,
Soumette tout cœur
Aux loix de sa douceur.

Que de la jeunesse
L'âge renaissant, Que de la jeunesse, &c.
Que de la vieillesse
Le retour languissant
Se livre sans cesse
A son charme innocent. FIN. Que, &c.

  Que fa vive flamme ,
Ses céleftes traits Paffent à jamais
Et s'éternifent d'ame en ame.
  Que fes chaftes feux , Que fes , &c.
  Pénetrent , rempliffent ,
  Embrafent , raviffent
Et la Terre & les Cieux ;
  Embrafent , &c.

De l'amour , &c.

SENTIMENS DE RECONNOISSANCE
ET D'AMOUR.

Sur l'Air : *Des fimples jeux de fon enfance, &c.*

SEIGNEUR, dès ma plus tendre enfance,
Tu me prévins de tes bienfaits ;
Heureux fi ma reconnoiffance
Dans mon cœur les grave à jamais.

 Le monde trompeur & volage ,
En vain m'offriroit fa faveur ;
Je n'en veux point, tout mon partage
Eft de n'aimer que le Seigneur. FIN.

 Dieu regne en Pere dans mon ame ,
Il en remplit tous les defirs,
Et l'amour pur dont il m'enflamme,
Vaut feul mieux que tous les plaifirs.

 Le monde , &c.

 Si je m'égare , il me rappelle ;
Si je tombe, il me tend la main ;
     C 2

Il me protege sous son aîle :
Il me renferme dans son sein.

Le monde, &c.

Si je suis constant & fidele
A conserver son saint amour,
Une récompense éternelle
M'attend dans son divin séjour.

Le monde, &c.

LA CHARITÉ FRATERNELLE.

Sur l'AIR : *Dis-moi, Colette, &c.*

Qu'IL est charmant,
Ravissant, de n'avoir ensemble
Qu'un esprit & qu'un sentiment !
Qu'un esprit & qu'un sentiment !
Tout se rassemble   Pour prévenir
Et pour bannir   Le déplaisir :
La charité
Nous remplit de suavité,
Comme un torrent de volupté :
Elle triomphe dans nos cœurs,
Elle dissipe nos langueurs :
Tout inspire,   Tout respire
Et sa joie & ses douceurs. Tout inspire, &c.

PRIERE

POUR OFFRIR A DIEU LE COMMENCEMENT DE LA JOURNÉE.

Sur l'AIR : *Dans ma cabane obscure, &c.*

O DIEU dont je tiens l'être,
Toi qui regles mon fort,
Seul arbitre, feul maître
De mes jours, de ma mort !
Je t'offre les prémices
Du jour qui luit fur moi,
Et veux fous tes aufpices
Ne le donner qu'à toi.

Daigne, d'un œil propice,
En voir tous les inftans ;
Que ta main en banniffe
Tous les dangers preffans :
Sur-tout, Dieu de clémence !
Que par ton faint fecours,
Nul crime, nulle offenfe
N'en terniffe le cours.

Que ta bonté facile
Qui voit tous mes befoins,
Rende, à tes yeux utile
Mon travail & mes foins ;
Et que fuivant la trace
Que nous ouvrent tes Saints,
Mes jours foient par ta grace
Des jours & purs & pleins.

C vj

LES PRINCIPAUX ACTES DE LA RELIGION.

Sur l'Air : *De la marche des Mousquetaires.*

Mon Dieu, je crois sincérement,
Et je veux croire constamment
Ce que l'Eglise nous apprend.
C'est toi seul, Dieu de charité,
Suprême & seule vérité,
Qui par l'Esprit-Saint l'as dicté.

O Dieu ! qui t'immolas pour moi,
Auteur de mes jours, de ma foi,
Je mets tout mon espoir en toi.
Tu peux seul être mon recours,
La force, l'appui de mes jours,
Ma récompense pour toujours.

Dieu de beauté, Dieu de grandeur !
Ma fin, ma gloire, mon bonheur,
Je t'aime, du fond de mon cœur :
Toi seul es digne d'être aimé ;
Que de tes saints attraits charmé,
Tout cœur pour toi soit enflammé !

PRIERE POUR DEMANDER A DIEU QU'IL BÉNISSE NOTRE TRAVAIL.

Sur l'Air : *Dans ma cabane obscure, &c.*

AVANT LE TRAVAIL.

Sur ce que je vais faire,
Jettez les yeux, Seigneur,

Que sans cesse à vous plaire
Je mette mon bonheur :
Soutenez ma foiblesse,
Ou je travaille en vain :
Dirigez donc sans cesse
Et mon cœur & ma main.

PENDANT LE TRAVAIL.

Fils d'un pere coupable,
Né dans l'iniquité,
Des maux le poids m'accable,
Et j'en sens l'équité :
Au travail quand vous-même
Grand Dieu ! me condamnez,
Je m'y soumets, je l'aime,
Puisque vous l'ordonnez.

꧁꧂

Hélas ! par mon offense
J'ai pu vous irriter :
Par cette pénitence
Puissé-je m'acquitter !
Que jamais le murmure,
Les plaintes, les ennuis,
Des peines que j'endure
Ne m'enlevent les fruits.

꧁꧂

Lorsqu'en votre présence,
De vous plaire jaloux,
Au travail, en silence
Je me livre pour vous :
Dieu bienfaisant, j'espere
Qu'un éternel repos
Sera l'heureux salaire
De mes foibles travaux.

꧁꧂

APRÈS LE TRAVAIL.

O mon Dieu ! de l'ouvrage
Que je viens de finir,
Mon cœur vous doit l'hommage,
Et je viens vous l'offrir ;
Le bien que j'ai pu faire,
Daignez le couronner ;
Ce qui peut vous déplaire,
Daignez le pardonner.

PRIERE POUR DEMANDER A DIEU SA BÉNÉDICTION PENDANT LA NUIT.

Sur l'Air : *Quand on sait aimer & plaire, &c.*

O DIEU dont la Providence
Fixe nos nuits & nos jours !
De la nuit que je commence,
Daigne rendre heureux le cours.　　FIN.

Que tes Anges tutélaires
Veillent sur tous mes momens,
Et que leurs soins salutaires
Gardent mon ame & mes sens.

O Dieu, &c.

Que jamais je ne sommeille
Que dans la paix du Seigneur,
Et que je ne me réveille
Que pour lui donner mon cœur,
Que pour lui donner mon cœur.

O Dieu, &c.

SUR LES SACREMENS.

Sur l'AIR : *Qu'à l'amour par sa douce ivresse, &c.*

D'UN peuple élu, mere féconde,
Croix sainte, lit d'un Dieu mourant,
Tu vois le prix sacré du monde
Sortir de son côté sanglant :
La grace en coule en abondance ;
Là, le Juste est fortifié ;
Là, recouvrant son innocence,
Le Pécheur est justifié.

LE BAPTÊME.

Dès sa naissance le Fidele
Au Créateur est consacré;
D'Adam la tache originelle
Se lave dans un bain sacré ;
Il renonce au monde perfide,
A la chair, au malin Esprit;
Il prend l'Evangile pour guide,
Il ne vit plus qu'en Jesus-Christ.

LA CONFIRMATION.

Des Démons, la fureur extrême,
Poursuit l'esclave racheté;
Il porte l'Enfer en lui-même,
Tout menace sa liberté ;
Mais il devient invulnérable
Aux traits des Démons frémissans,
Muni du baume secourable
Contre leurs assauts renaissans.

L'EUCHARISTIE.

Le Souverain de la nature
Devant qui tout s'anéantit,

Veut devenir ta nourriture :
Un homme parle, il obéit :
Sans approfondir un myſtere
Qu'un mortel ne peut dévoiler,
Chrétien, ta raiſon doit ſe taire,
Et ton amour ſeul doit parler.

LA PÉNITENCE.

Que vois-je ? Soldat infidele,
Du Démon tu reçois la loi :
Ton Dieu vainement te rappelle,
L'Enfer triomphe de ta foi :
Pleure, confeſſe ton offenſe,
Un ſimple aveu prévient ſes coups,
Tes pleurs forceront ſa clémence
A ſuccéder à ſon courroux.

L'EXTRÊME-ONCTION.

Chrétien, ta paupiere mourante
Se ferme à la clarté des Cieux ;
Déja ta raiſon eſt errante,
La mort s'imprime dans tes yeux :
Une huile ſainte & vénérable,
Du Démon balançant l'effort,
Te rend athlete redoutable,
Vainqueur dans les bras de la mort.

L'ORDRE.

Pour un auguſte miniſtere,
Dieu ſe conſacre des mortels,
Leur imprime un ſaint caractere,
Et les dévoue à ſes Autels ;
Par eux le Pécheur devient Juſte,
Le Ciel eſt ſoumis à leurs loix,
Et dans le Sacrifice auguſte,
Dieu même obéit à leurs voix.

LE MARIAGE.

Epoux, vous trouvez dans l'Eglise
Le gage d'un divin secours ;
Un joug que la mort seule brise,
Captive vos chastes amours :
Ce lien formé pour la vie,
Enfante pour vous des soutiens,
Des défenseurs pour la patrie,
Et pour le Ciel des citoyens.

EXHORTATION AUX ENFANS QUI SE DISPOSENT A RECEVOIR LA CONFIRMATION.

Sur l'AIR : *Je donnerois ma foi, &c.*

JEUNES Chrétiens, voici le tems
   Où le Dieu des lumieres
Vient ajouter des dons récens
   A ses faveurs premieres.
Il a lavé vos jours naissans
   Dans l'onde du Baptême ;
Il va munir vos tendres ans
   Du doux sceau du saint Chrême.

De l'Esprit Sacrificateur,
   La flamme bienfaisante
Va rallumer en vous l'ardeur
   D'une foi languissante :
Et, sur vous, graver à jamais
   La vertu salutaire
Qui scelle des Chrétiens parfaits
   L'auguste caractere.

Sur vous, d'un des Pontifes saints,
    La parole efficace
Fera descendre par ses mains
    Les sources de la grace.
Préparez-vous à son aspect
    Dans la plus humble attente,
Et rappellez avec respect
    Le Dieu qu'il représente.

Mais l'Esprit-Saint veut, chers enfans,
    Que la reconnoissance
Ouvre en vous des cœurs innocens,
    Aux dons qu'il vous dispense.
Versez sur vos jours criminels
    Des pleurs de pénitence,
Et sans cesse au pied des Autels,
    Implorez sa clémence.

SENTIMENS ET DESIRS SUR LA COMMUNION.

Sur l'AIR : *Un inconnu pour vos charmes soupire.*

MON Bien-aimé ne paroît pas encore.
Trop longue nuit, dureras-tu toujours ?
    Tardive aurore,   Hâte ton cours,
Rends-moi Jesus, ma joie & mes amours,
Mon doux Jesus que seul j'aime & j'implore.

De ton flambeau, déja les étincelles,
Astre du jour, raniment mes desirs ;
    Tu renouvelles   Tous mes soupirs :
Servez mes vœux, avancez mes plaisirs,
Anges du Ciel, portez-moi sur vos ailes.

Je t'apperçois, asyle redoutable,
Où l'Eternel descend de sa grandeur,
   Temple adorable   Du Rédempteur;
Si dans tes murs il voile sa splendeur,
Ce Dieu d'amour n'en est que plus aimable.

Sans nul éclat le vrai Dieu va paroître :
De cet Autel, il vient s'unir à moi :
   Est-ce mon Maître ?   Est-ce mon Roi ?
Laissez, mes yeux, laissez agir ma foi,
Un œil Chrétien ne peut le méconnoître.

Du Roi des Rois je suis le tabernacle ;
Oui, de mon ame un Dieu devient l'époux,
   Charmant spectacle,   Espoir trop doux :
Rendez, grand Dieu ! mon cœur digne de vous,
Votre amour seul peut faire ce miracle.

Je m'attendris sans trouble & sans alarmes,
Amour divin, je ressens vos langueurs :
   Heureuses larmes,   Aimables pleurs,
Ah ! que mon cœur y trouve de douceurs !
Tous vos plaisirs, mondains, ont-ils ces charmes ?

Tristes penchans, malheureux fruit du crime,
C'est vous qu'il veut que j'immole à son choix.
   Ce Dieu m'anime,   Suivons ses loix :
Parlez, Seigneur, j'écoute votre voix ;
Mon cœur est prêt, nommez-lui la victime.

Ce pain des forts soutiendra mon courage,
Venez, Démons, de mon bonheur jaloux,
   Que votre rage   Vous arme tous :
Je ne crains point vos plus terribles coups ;
De ma victoire un Dieu devient le gage.

Il me remplit d'une douce efpérance
Qui me fuivra plus loin que le trépas ;
   Si fa puiffance   Soutient mon bras ;
C'eft peu pour lui qu'il m'aide en mes combats ;
Il veut encore être ma récompenfe.

Pour un Pécheur que fa tendreffe eft grande !
Qu'elle mérite un généreux retour !
   Mais quelle offrande   Pour tant d'amour !
Prenez mon cœur, ô mon Dieu ! dans ce jour,
C'eft le feul don que votre cœur demande.

ACTES AVANT LA COMMUNION.

Sur l'AIR : *Petits oifeaux, raffurez-vous, &c.*

DIVIN Agneau qui, fur l'Autel,
Vous immolez pour un coupable,
Et qui daignez à votre Table
Appeller un ingrat mortel !
   Ah ! quel amour ! qu'il eft extrême !
Je n'en faurois exprimer la grandeur ;
Votre don feul m'éleve au comble du bonheur,
Dans ce facré Banquet, vous vous donnez vous
      même.

ACTE DE FOI.

C'eft à la Foi que j'ai recours
Pour croire un fi profond myftere ;
C'eft fa lumiere qui m'éclaire,
Je ne vois que par fon fecours ;
   Sa feule voix me fait entendre
Que fous l'accident qui m'eft préfenté,
Vous cachez votre Corps, votre Divinité :
Grand Dieu ! que de bienfaits fur moi vont fe
      répandre !

ACTE D'HUMILITÉ.

Je suis saisi d'un saint effroi,
Le Roi du Ciel & de la Terre,
Le Dieu qui lance le tonnerre,
Aujourd'hui daigne entrer chez moi :
Comblé des biens que vous me faites,
Loin de m'enfler de ce sort glorieux,
Le néant seul, dans moi, se présente à mes yeux,
Voyant ce que je suis, près de ce que vous êtes.

ACTE DE CONTRITION.

La chair d'un Dieu de Majesté
Va me servir de nourriture :
Elle est si sainte, elle est si pure ;
Et je ne suis qu'iniquité !
Ah ! du péché si quelque trace
Ne pouvoit pas s'effacer par mes pleurs,
Pour me rendre, ô mon Dieu ! digne de vos faveurs,
Purifiez, changez mon cœur par votre grace.

ACTE D'AMOUR.

Tout parle ici de votre amour,
Tout y dépeint votre tendresse,
Tout nous invite, tout nous presse
A vous rendre un juste retour ;
Ce même amour vous sacrifie,
Il me fait voir comme il faut vous aimer :
De la plus vive ardeur, c'est peu de m'enflammer,
Je dois encor pour vous cent fois donner ma vie.

ACTE D'ESPÉRANCE.

Si vos grandeurs me font trembler
Dans cet auguste Sacrifice,
J'y trouve aussi, Sauveur propice,
Des bontés pour me consoler ;
Quand mon espoir vient à s'éteindre,

Par votre amour, je le sens ranimer :
Je ne suis qu'un mortel ; mais vous daignez m'aimer,
J'ai plus lieu d'espérer, que je n'ai lieu de craindre.

Par quels honneurs, par quels encens,
A tant de biens faut-il répondre ?
Ici tout sert à me confondre ;
Mes respects sont trop impuissans.
Eternisez dans ma mémoire
Le sort heureux que me fait votre amour :
Achevez mon bonheur, & m'accordez un jour
De regner avec vous dans le sein de la gloire.

ACTES APRÈS LA COMMUNION.

Sur l'AIR : *Suivons les loix, &c.*

CHANTONS, chantons
Jesus & sa tendresse extrême ;
Chantons, chantons
Le plus aimable de ses dons.   Chantons, &c.

Ce doux Sauveur
A nous vient de s'unir lui-même ;
Ce doux Sauveur
Daigne habiter dans notre cœur. Chantons, &c.

Comment reconnoître
L'amour d'un si bon Maître,
Comment reconnoître
Un si grand excès de faveur ?

Ce doux, &c.   Chantons, &c.

Qu'en nous tout s'unisse,   Que tout y bénisse
Ce Maître propice,   Ce Dieu de douceur.

Ce doux, &c.   Chantons, &c.

ACTE D'ADORATION ET DE FOI.

Dieu de grandeur !
Plein de respect, je vous révere ;
Dieu de grandeur !
J'adore dans vous mon Seigneur.   Dieu, &c.

La vive foi
Dans cet heureux instant m'éclaire ;
La vive foi
Vous dévoile à mes yeux dans moi. Dieu, &c.

O chœurs des saints Anges,
Que n'ai-je vos louanges ?
O chœurs des saints Anges,
Adorez pour moi votre Roi.

La vive, &c.   Dieu, &c.

Que sous son empire,   Tout ce qui respire
Aime à se réduire,   Et garde sa Loi.
La vive, &c.   Dieu, &c.

ACTE DE CONFIANCE.

Divin Epoux !
Mon ame à vous seul s'abandonne ;
Divin Epoux !
Mon ame n'a d'espoir qu'en vous. Divin, &c.

Vous seul, toujours,
Serez ma vie & ma couronne ;
Vous seul, toujours,
Serez ma force & mon recours.   Divin, &c.

Quand on vous possede,
Le monde, l'Enfer cede ;
Quand en vous possede,
Tout fuit devant votre secours.
Vous seul, &c.   Divin, &c.

O Dieu de clémence !   Que ma confiance
En votre puiſſance   Rende ſaints mes jours.

Vous ſeul, &c.   Divin, &c.

ACTE D'AMOUR.

Aimons Jeſus,
Pour lui que notre cœur s'enflamme ;
Aimons Jeſus
De tout nous-mêmes, encore plus. Aimons, &c.

Puis-je à mon tour,
O-Dieu, qui regnez dans mon ame !
Puis-je à mon tour,
Pour vous, ne point brûler d'amour ? Aimons, &c.

Je l'aime, oui, je l'aime
Jeſus plus que moi-même ;
Je l'aime, oui, je l'aime
Pour l'aimer juſqu'au dernier jour. Aimons, &c.

Puis-je, &c.

Ce don ineffable,   Que ſon cœur aimable
Me fait à ſa Table,   Veut tout mon retour.

Puis-je, &c.   Aimons, &c.

ACTE D'OFFRANDE.

Pour vos bienfaits,
Que vous offrir, ô divin Maître !
Pour vos bienfaits,
Je m'offre à vous ſeul pour jamais. Pour, &c.

Mes biens, mon cœur,
Mon ame, mon eſprit, mon être,
Mes biens, mon cœur,
En moi, tout eſt pour le Seigneur. Pour, &c.

Pour

Pour lui je veux vivre,
A lui seul je me livre;
Pour lui je veux vivre,
Et ne veux point d'autre douceur. Pour, &c.

Mes biens, &c.

A lui je m'engage,   Il est mon partage,
Il est le doux gage   De mon vrai bonheur.

Mes biens, &c.   Pour, &c.

ACTE DE DEMANDE.

O Dieu puissant !
Par les dons de votre présence,
O Dieu puissant !
Conservez mon cœur innocent. O Dieu, &c.

Dieu de bonté !
Donnez-moi la foi, l'espérance,
Dieu de bonté !
L'amour, la paix, la sainteté. O Dieu, &c.

Qu'en vous je demeure
Jusqu'à ma derniere heure;
Qu'en vous je demeure,
Sans cesse & dans l'éternité. O Dieu, &c.

Dieu, &c.

O Chair vénérable   Du Verbe adorable !
Rends inébranlable   Ma fidélité.

Dieu, &c.   O Dieu, &c.

D

ACTIONS DE GRACES
APRÈS LA COMMUNION.

Sur l'Air : *Soyez l'arbitre de mes jours, &c.*

Bénissez Dieu, Peuples divers :
Que pour le louer tout s'unisse ;
Et que dans ce jour, l'Univers,
De son nom sacré retentisse.

Il nous fait, malgré nos forfaits,
Sentir le fruit de ses tendresses,
Et nous montre par ses bienfaits,
Qu'il est fidele en ses promesses.

AVIS AUX ENFANS,
APRÈS LA PREMIERE COMMUNION.

Sur l'Air : *Prends, ma Philis, prends ton verre.*

O Vous qui dans la retraite
Avez goûté le Seigneur,
N'allez pas, ame inquieté,
Si-tôt perdre sa douceur.　　　Fin.
En quittant ce sûr asyle,
Gardez-vous d'être facile
A courir après l'erreur.

O vous qui, &c.

Pour vous ravir l'innocence,
Le monde adroit & trompeur
Fait goûter à votre enfance

De ſes plaiſirs la douceur ;
Les charmes dont il ſe pare
Vous cachent le trait barbare
Qu'il plonge dans votre cœur.

   Pour. &c.

   Dans le plus fort de l'orage,
Eh ! pourquoi vous engager ?
Eſt-ce craindre le naufrage,
Que de courir au danger ?
Faudra-t-il, cœur infidele,
Perdre une gloire immortelle
Pour un plaiſir paſſager ?

   Dans , &c.

   Qui s'abandonne à la joie
Que donne la liberté,
Se verra d'abord en proie
Au monde, à la vanité.
Une regle juſte & ſainte
Retient trop dans la contrainte,
Le cœur en eſt dégoûté.

   Qui, &c.

   Quand du nid l'oiſeau s'échappe
Par un vol trop aſſuré,
Du raviſſeur qui l'attrappe,
Il eſt bientôt dévoré :
Tel périt en téméraire,
Qui ſous la main ſanguinaire
S'eſt aveuglément livré.

   Quand , &c.

   Une mondaine parure
Commence à charmer les yeux ;

S'attacher la créature,
Flatte un cœur ambitieux ;
Enfin l'atteinte mortelle
D'une flamme criminelle
N'est plus un mal odieux.

    Une, &c.

    Qu'un faux ami se présente,
Il est d'abord écouté ;
Sa feinte douceur enchante
Une foible volonté ;
Découvrant son artifice,
Implorez le Ciel propice
Contre sa malignité.

    Qu'un, &c.

    Jesus est l'ami fidele
Qui nous sauve du trépas,
Que sa lumiere éternelle
Guide & regle tous nos pas :
C'est lui seul qui dans le monde
Vous veut d'une paix profonde
Faire goûter les appas.

    Jesus, &c.

RÉSOLUTIONS APRÈS LA COMMUNION.

Sur l'AIR : *D'un beau Pécheur la pêche, &c.*

LE monde, en vain, par ses biens & ses charmes,
Veut m'engager à vivre sous sa loi :
Mais pour me vaincre, il faut bien d'autres armes ;
Je ne crains rien, Jesus est avec moi.   FIN.

    Mais, &c.

Venez, Puiſſances de la Terre,
Déchaînez-vous pour me ravir ma foi :
Quand de concert vous me feriez la guerre,
Je ne crains rien, Jeſus eſt avec moi.

Quand, &c.

Monſtre infernal, arme-toi de ta rage !
Que tes Démons ſe liguent avec toi ;
Tu ne pourras abattre mon courage,
Je ne crains rien, Jeſus eſt avec moi.

Tu ne, &c.

Non, non, jamais la mort la plus cruelle
Ne me fera trahir ce divin Roi :
Juſqu'au trépas je lui ſerai fidele :
Je ne crains rien, Jeſus eſt avec moi.

Juſqu'au, &c.

Que les Enfers, les airs, la Terre & l'onde,
Conſpirent tous à me remplir d'effroi ;
Quand je verrois crouler ſur moi le monde,
Je ne crains rien, Jeſus eſt avec moi.

Quand, &c.

Divin Jeſus, mon unique eſpérance,
Vous pouvez tout, Seigneur, oui, je le crois ;
Mon cœur en vous eſt plein de confiance ;
Je ne crains rien, vous êtes avec moi.

Mon, &c.

DESIR DE VOIR ET D'AIMER DIEU.

Sur l'Air : *La nuit ne fut jamais si noire, &c.*

Enfin je trouve la lumiere ;
Grand Dieu ! votre beauté vient briller à mes yeux ,
Elle éclaire mon ame, elle comble mes vœux :
Hé ! qu'aimois-je ? insensé, qu'une vile poussiere !
Je connois ma funeste erreur :
De votre amour, que je brûle moi-même !
C'est de vos feux que j'attends mon bonheur :
Que j'expire, Seigneur, ou que mon cœur vous aime.

Pour moi le monde eut trop de charmes :
Devois-je à ses appas laisser prendre mon cœur ?
Il étoit, & volage, & perfide, & trompeur ;
Hélas ! que ses plaisirs me préparent de larmes !
Tout le tems qu'il m'a su charmer,
O Dieu , seul beau, beauté pure & parfaite !
J'ai vu mes jours couler sans vous aimer :
Jours, à jamais perdus, ô que je vous regrette !

Du haut séjour de votre gloire ,
Grand Dieu ! votre cœur daigne accepter mon
    amour :
C'est bien plus, vous m'aimez vous-même à votre
    tour :
Que mon sort est heureux ! ô Ciel ! puis-je le croire ?
Seule source de vrais plaisirs,
Divin Amour, à tes traits je me livre ;
Voyez, Seigneur, l'objet de mes desirs ;
Oui, je veux vous aimer, ou je ne veux plus vivre.

En vain, ô mort, tu m'épouvantes,
Loin de vouloir les fuir, je recherche tes coups ;
Par toi seule on arrive à ce terme si doux,
Où l'on voit de son Dieu les splendeurs ravissantes :
Hâte-toi de me rendre heureux ;
Accours, accours, tout mon cœur te desire,
C'est trop long-tems résister à mes vœux ;
Tranchez, Seigneur, vers vous seul je soupire..

SUR L'AMOUR DE JESUS-CHRIST.

Sur l'AIR : *Que le Soleil dans la plaine, &c.*

QUE Jesus est un bon Maître,
Et qu'il est doux de l'aimer !
Bienheureux qui fait connoître
Combien il peut nous charmer :
Divin Sauveur ! Beauté suprême !
Oui, je vous aime, Divin Sauveur !
Je vous aime, Je vous aime
De tout mon cœur, De tout mon cœur. FIN.

Mettons-nous sous son empire :
Soyons à lui pour jamais,
Et que notre ame n'aspire
Qu'à goûter ses saints attraits. Divin, &c.

Sans Jesus, rien ne peut plaire,
Tout est dur, tout est amer ;
Tout est disgrace, misere,
Désespoir, tourment, enfer. Divin, &c.

Avec lui tout est délices,
Tout est source de douceur,
Tout est avant-goût, prémices
Du séjour de son bonheur. Divin, &c.

D iv

Avec lui, de l'indigence
L'on ne craint point les rigueurs ;
Avec lui, de l'opulence
On dédaigne les faveurs.   **Divin**, &c.

Il est seul & ma richesse,
Et mon bien, & mon trésor,
Et je prise sa tendresse
Plus que tout l'éclat de l'or.   **Divin**, &c.

⚹⚹

Aimer le monde est folie ;
L'homme qui s'attache à lui,
Tel qu'un foible roseau, plie,
Et tombe avec son appui.   **Divin**, &c.

Mais le Sage véritable,
Dont Jesus est le recours,
Fut toujours inébranlable
Sous l'abri de son secours.   **Divin**, &c.

⚹⚹

La faveur du monde passe
Aussi prompte que le tems,
Et de longs jours de disgrace
Suivent ses premiers instans.   **Divin**, &c.

De Jesus l'amour fidele
Ne trompa jamais nos vœux ;
Une foi toujours nouvelle
En serre à jamais les nœuds.   **Divin**, &c.

⚹⚹

De l'amour dont Jesus aime,
Rien ne peut rompre le cours ;
Et l'instant de la mort même
L'unit à nous pour toujours.   **Divin**, &c.

Mais les amitiés mortelles,
Fissent-elles un sort si doux,

Nous périssons avec elles ;
Elles meurent avec nous.   Divin, &c.

Contre nous la force humaine
Portât-elle tous ses coups ,
Que pourroit toute sa haine,
Si Jesus étoit pour nous ?   Divin, &c.

L'Univers & ses idoles
En vain m'offrent un soutien ;
Leurs appuis sont tous frivoles ,
Si Jesus m'ôte le sien.   Divin, &c.

Mais Jesus veut qu'on le serve
Sans relâche & sans langueur ,
Il ne souffre ni réserve ,
Ni partage dans un cœur.   Divin, &c.

Plus ce Dieu d'amour nous aime ,
Plus devons-nous par retour
Quitter & tout, & nous-même
Pour être à son seul amour.   Divin, &c.

DESIRS D'ÊTRE A JAMAIS UNI
A JESUS-CHRIST.

Sur l'Air : *Quand sous cette verdure, &c.*

Venez, aimable Sauveur,
Venez régner dans mon cœur.
Régnez à jamais, à jamais, Seigneur,
Régnez à jamais, régnez dans mon cœur.
Venez, aimable Sauveur,
Régner dans mon cœur.
Loin de moi, plaisir trompeur,

Loin de moi, fauſſe douceur.
Fuyez pour jamais, fuyez de mon cœur,
Fuyez, monde ſéducteur :
Venez, aimable Sauveur,
Régnez à jamais, à jamais, Seigneur ;
Fuyez pour jamais, monde ſéducteur ;
Régnez à jamais, aimable Sauveur,
Régnez à jamais, Seigneur,
Régnez dans mon cœur.

RENOUVELLEMENT DES VŒUX
DU BAPTÊME.

Sur l'AIR : *Celui qui préſide à vos fêtes, &c.*

ALLONS à la sainte piſcine,
Où le Dieu de toute bonté
Daigna nous rendre la beauté
Que nous ravit notre origine.
Allons au Dieu qui ſeul nous fit heureux,
Renouveller l'hommage de nos vœux. FIN.

Chœur. Allons au Dieu, &c.

Ce fut dans ce lieu ſalutaire
Que ce Dieu, dès nos jours naiſſans,
Nous mit au rang de ſes enfans,
Pour n'être plus que notre pere.

Chœur. Allons, &c.

Ce fut-là que ſa main propice,
En rompant nos fers odieux,
Nous ouvrit la route des Cieux,
Et nous ferma le précipice.

Chœur. Allons, &c.

Quand ce Dieu bénit notre enfance,
Nous lui promîmes d'être à lui,
Promettons-le encor aujourd'hui,
Mais ayons bien plus de conftance.
Je l'ai promis, Seigneur, & le promets,
Tout à vous feul je veux être à jamais.

Chœur.   Je l'ai promis, &c.

C'eft fon aimable Providence
Qui garantit nos premiers jours ;
Si nous voyons durer leur cours,
Nous le devons à fa clémence.

Chœur.   Je l'ai promis, &c.

De fes dons, dans notre jeuneffe,
Il remplit notre ame & nos cœurs ;
Il eft mille & mille faveurs
Qui nous rappellent fa tendreffe.

Chœur.   Je l'ai promis, &c.

Non, non, le Démon & fa rage
Sur moi ne pourront jamais rien :
Il eft indigne d'un Chrétien
De gémir dans fon efclavage.
Je l'ai promis, Seigneur, & le promets ;
Je le renonce & l'abhorre à jamais.

Chœur.   Je l'ai promis, &c.

Jaloux de mon riche partage,
Cet ennemi de mon bonheur
Veut m'ôter le joug du Seigneur,
Et me ravir mon héritage.

Chœur.   Je l'ai promis, &c.

Il fut & ne veut cesser d'être
Mon tourment, mon fléau mortel ;
Pour suivre un tyran si cruel,
Quitterois-je mon divin Maître ?

Chœur.   Je l'ai promis, &c.

Le monde & ses délices vaines
M'offriroient en vain leurs douceurs ;
Jamais ses charmes imposteurs
Ne me retiendront dans ses chaînes.
Je l'ai promis, Seigneur, & le promets,
Oui, je renonce au monde pour jamais.

Chœur.   Je l'ai promis, &c.

Les biens dont les mondains jouissent
N'ont que trop abusé mes sens ;
Mais aujourd'hui n'est-il point tems
Que mes erreurs s'évanouissent ?

Chœur.   Je l'ai promis, &c.

Hélas ! quelle fut ma misere !
Je courois à de faux plaisirs,
Et ne portois point mes desirs
Au seul objet qui dût me plaire.

Chœur.   Je l'ai promis, &c.

Des dons que la divine grace
Se plut à répandre sur moi,
Mon Dieu, sur-tout, veut que la foi
De mon cœur jamais ne s'efface :
Je l'ai promis, Seigneur, & le promets ;
Je me soumets à la foi pour jamais.

Chœur.   Je l'ai promis, &c.

Je l'ai promis ; je crois au Pere ,
Auteur & Créateur de tous ,
Au Fils qui s'immola pour nous ,
Au Saint-Esprit qui nous éclaire.

Chœur. Je l'ai promis, &c.

De Jesus , l'Epouse fidelle
Sera mon oracle & ma loi ;
Je croirai pour régler ma foi ,
Tout ce qu'il m'annonce par elle.

Chœur. Je l'ai promis, &c.

Fonts sacrés où j'eus l'innocence !
Temple heureux, divins monumens !
Soyez témoins de mes sermens ,
Vous le serez de ma constance.
Je l'ai promis, Seigneur , & le promets ,
C'est à vous seul que je suis désormais.

Chœur. Je l'ai promis , &c.

Que si jamais dans ma foiblesse
J'oublie, hélas ! mes saints projets ,
Je viendrai vers ces chers objets
Pour y relire ma promesse.

Chœur. Je l'ai promis, &c.

Le Dieu fort, le Dieu de puissance
Sera ma force & mon appui ;
Je ne mets mon espoir qu'en lui ,
Et j'attends tout de sa clémence.

Chœur. Je l'ai promis , &c.

CONTRE LE FASTE ET LES PARURES.

Sur l'AIR : *Tu croyois en aimant Colette, &c.*

DU Créateur l'homme est l'image,
Il devroit donc se souvenir
Que c'est gâter ce bel ouvrage
Que de chercher à l'embellir.

Ah ! loin de moi cette parure
Et ce profane ajustement
Qui veut réformer la nature,
Et fait insulte au Tout-Puissant.

Le monde suit d'autres maximes,
D'un faux éclat il veut briller ;
Laissons-lui parer ses victimes,
Bientôt on va les immoler.

Leur gloire sera passagere,
Considérez-en le tableau,
C'est une ombre vaine & légere
Qui voltige autour du tombeau.

Chrétiens, la voilà cette pompe
Que la Religion proscrit,
Comment se peut-il qu'elle trompe
Des Disciples de Jesus-Christ ?

Mais l'êtes-vous ? le puis-je croire ?....
Quittez donc ce faste trompeur :
Le vrai Chrétien ne met sa gloire
Que dans la croix de son Sauveur.

Ses épines sont sa couronne,
Sa croix sainte fait tout son bien ;
Auprès d'elle l'éclat d'un trône
S'éclipse & ne lui paroît rien.

Le monde aura beau lui sourire :
Ses charmes vains & dangereux
Ne pourront jamais le séduire :
La foi seule brille à ses yeux.

Ses pompes lui seroient funestes :
S'il garde ses ajustemens,
De la grace les dons célestes,
Voilà ses plus beaux ornemens.

CONTRE LES MAUVAISES CHANSONS.

Sur l'AIR : *Ce n'est qu'au Village, &c.*

POURQUOI, Chrétiens, dans vos concerts
Toujours chanter la créature ?
Ces doux accords, ces tendres airs
Sont dûs au Roi de la Nature :
Offrez au souverain Seigneur
Et votre voix, & votre cœur.

Ces sons, ces charmes de la voix
Doivent publier sa puissance ;
Chantez ses dons cent & cent fois,
Ses graces, sa douce clémence.

Offrez, &c.

Pour vous perdre, n'en doutez pas,
Le monde n'a que trop de charmes ;

Si vous chantez ſes vains appas,
Vous lui prêtez encor des armes.

   Offrez , &c.

Des perſonnages de Berger
Ou de Bergere qui ſoupire ,
Vous ne voyez pas le danger
Où cette amorce vous attire.

   Offrez , &c.

Vous excitez l'amour charnel ,
Faiſant l'éloge de ſa flamme ;
Craignez , craignez le coup mortel
Qui va dans peu frapper votre ame.

   Offrez , &c.

Vous louez ce Dieu des Payens ,
Fameux par ſon intempérance ,
Et pour le vrai Dieu, vous, Chrétiens ,
N'aurez que de l'indifférence ?

   Offrez , &c.

C'eſt Dieu , le Maître ſouverain ,
Qui vous a fait à ſon image ;
Vous tenez l'être de ſa main ,
N'a-t-il pas droit à ſon ouvrage ?

   Offrez , &c.

Il ne vous a donné le jour
Que pour l'aimer & le connoître ;
Témoignez-lui votre retour :
Chantez ſans ceſſe un ſi bon Maître.

   Offrez , &c.

CONTRE LE MENSONGE.

Sur l'AIR : *Oui, oui, je l'aimerai toujours, &c.*

ENFANCE aimable ! ô fleur nouvelle !
Que j'aime à voir votre candeur ;
Cette vertu par-tout est belle,
Mais bien plus dans un jeune cœur.

❧

Enfans chéris, dans ce bel âge,
Trahirez-vous la vérité ?
Vous dont le plus riche apanage
Doit être la sincérité ?

❧

O vertu propre de l'enfance !
Où faudroit-il donc te chercher,
Si dans l'âge de l'innocence,
Tu te plaisois à te cacher ?

❧

Dans tous les hommes l'on déteste
L'art affreux du déguisement ;
Mais quel présage plus funeste,
S'il se trouvoit dans un enfant !

❧

Un mensonge est une bassesse
Aux yeux même de la raison,
Qui, sans couvrir votre foiblesse,
La rend indigne du pardon.

❧

Quand même sa laideur extrême
N'engageroit point à le fuir,
Il offense l'Etre suprême ;
En faut-il plus pour le haïr ?

CONTRE LA PARESSE.

Sur un Air nouveau.

Homme indigne du jour, toi dont la triste vie
N'est qu'une longue léthargie,
Peux-tu bien vanter ton bonheur ?
Vil esclave de l'indolence,
Au seul mot de travail tu frissonnes d'horreur,
Et tu ne rougis point d'une crasse ignorance !
Vivre ainsi, lâche fainéant,
A ton Etre, à ton Dieu, c'est faire double injure;
C'est rentrer dans l'affreux néant,
Où devoit pour toujours te laisser la nature.

SUR LA DOUCEUR.

Sur l'AIR d'un Rondeau nouveau.

Source de paix,
Douceur, vertu docile !
Regne tranquille
Dans nous à jamais. FIN. Source, &c.

A tes attraits
La haine rend les armes ;
Tout sent tes charmes,
Tout cede aux cœurs
Comblés de tes faveurs. Source, &c.

Dans ces bas lieux
Tes dons sont les délices
Et les prémices
Du bonheur des Cieux. Source, &c.

SUR LA PURETÉ.

Sur l'AIR : *Petite inhumaine, &c.*

O Qu'UNE ame est belle
Quand elle est à Dieu fidelle !
Et pour toi pleine de zele ,
Divine pudeur !
Tréfor admirable !   Don incomparable !
Que tu fus aimable   Aux yeux du Seigneur !

O bien ineffable !
Dans un corps si misérable ,
Par toi l'homme est fait semblable
A de purs esprits ;
Heureux qui desire   Ton céleste empire ,
Qui pour toi soupire ,   O Vertu sans prix !

Fuyons donc sans cesse ,
Fuyons tout ce qui la blesse ;
Sur-tout vous, chere jeunesse ,
Vivez chastement ;
Hélas ! quel naufrage   Ne fait point votre âge ,
Quand foible il s'engage   Dans l'égarement !

Qu'une impure flamme
Jamais n'entre dans votre ame ;
Que jusqu'à son ombre infâme
Vous soit en horreur :
O vice exécrable !   Vice abominable !
Poison détestable !   Fuis loin de tout cœur.

Dieu seul, sa préfence,
La fuite, la vigilance,
Le travail, la tempérance
Font votre fecours :
L'ame qui fouhaite .   La pudeur parfaite,
Cherche la retraite ;   Gardez-la toujours.

DÉSIR DE POSSÉDER LA PURETÉ.

Sur l'AIR : *Quand vous entendrez, &c.*

Viens dans mon cœur,
Célefte pudeur !
Du vrai bonheur,   Source inépuifable,
Viens dans mon cœur,   Célefte pudeur !
Fixer ton regne aimable.   FIN.

Que tu me plaîs
Par tes faints attraits !   La foi, l'efpérance,
L'amour, la paix,
En récompenfe   De ta décence,
Te fuit à jamais.   Viens, &c.

BONHEUR DES SOUFFRANCES.

Sur l'AIR : *En vain l'on me dit que vous, &c.*

O Douce Croix, travaux, mépris, fouffrances,
Vous ferez déformais l'objet de mes defirs !
Plus vous m'accablerez, plus votre violence
Me procurera de plaifirs.   Plus vous, &c.

Vous paroiffez, Mortels, effrayés de mon choix :
Tout vous femble affreux fur la Croix ;
Ah ! fi vous livriez votre ame
Aux tranfports amoureux de la divine flamme,
Vous chanteriez cent & cent fois :

C'eſt ſur la Croix qu'on trouve la ſageſſe,
C'eſt dans ſes bras qu'on goûte le bonheur :
  C'eſt ſon apparente baſſeſſe,
  Qui cache aux mondains ſa douceur :
C'eſt ſur la Croix qu'on trouve la ſageſſe,
C'eſt dans ſes bras qu'on goûte le bonheur.

LA PATIENCE CHRÉTIENNE.

Sur l'AIR : *Lieux charmans, &c.*

Loin de moi, fauſſe alégreſſe,
Mon partage, c'eſt la Croix :
Dévoré par ma triſteſſe,
Je ſuccombe ſous ſon poids ;
Mais ſi mon cœur en murmure,
S'il reſſent trop ſes douleurs,
La foi vaincra la nature,
Et fera fuir ſes erreurs.

Trop long-tems je fus coupable ;
Quand ſerai-je pénitent ?
Faut-il être inconſolable
Sur un juſte châtiment ?
Si des flammes éternelles
Je médite les rigueurs,
Les peines les plus cruelles
Se changeront en douceurs.

Qu'eſt-ce donc que ce moi-même,
Source éternelle de vœux ?
Avec une ardeur extrême,
Je deſire d'être heureux ;
Mais ſi l'Auteur de mon être
Veut renverſer mes projets,

Je dois d'un souverain Maître
Adorer tous les decrets.

La profpérité riante
Séduit les fens, la raifon ;
Lorfque tout plaît, tout enchante,
On ne craint pas fon poifon ;
Diffipez tous ces faux charmes,
Secourable adverfité !
Puiffe du fond de vos larmes
Renaître la vérité !

Dès que l'ennui me confume,
Tout eft pour moi languiffant :
Il répand fon amertume
Sur le plaifir féduifant.
Heureux, connoiffant le vuide
De cent frivoles objets,
Si cette leçon me guide
Vers l'amour des biens parfaits !

Du bonheur, de la difgrace,
Le terme m'eft limité :
Biens & maux, tout fuit, tout paffe,
Tout court à l'Eternité.
Le mal par fa violence,
Lui-même abrege fon cours,
Et n'offre à ma patience
Que l'effort de quelques jours.

Pour fauver l'homme coupable,
Dieu prend-il un corps mortel ?
La Croix, prodige admirable !
Eft fon berceau, fon autel :
Il meurt dans mille fupplices.....
Ces myfteres que je crois,

Doivent changer en délices
L'amertume de ma croix.

🙰

Si mon ame l'y contemple,
Que de fentimens nouveaux !
Lumiere, fecours, exemple,
Tout m'y foutient dans mes maux :
Je découvre fa tendreffe
Sous cette févérité,
Et j'y trouve la promeffe
De fon immortalité.

🙰

Une lumiere fidelle
Me montre ces vérités,
Et ma nature rebelle
Se refufe à fes clartés.
Grand Dieu ! votre feule grace
Peut triompher de mon cœur,
Et feule dans fa difgrace,
L'armer contre la douleur.

🙰

Je voudrois dans l'alégreffe
Souffrir tout ce que je fens :
Mais c'eft en vain, la trifteffe
Rend mes efforts impuiffans :
Ah ! Seigneur, que je vous aime !
Je ne fais plus d'autres vœux :
Dans le fein du malheur même,
Votre amour nous rend heureux.

PRIERE D'UNE AME AFFLIGÉE.

Sur l'AIR : *Témoin de mon indifférence, &c.*

Soumis aux loix de ta vengeance,
Dieu d'amour ! je bénis la rigueur de tes traits ;
Tu fus le juste auteur de ma souffrance,
Mais jusque dans mes maux je connois tes bienfaits.
FIN.

Frappe, je ne suis qu'un coupable
Qui mérite toujours que la douleur l'accable ;
Plus de ta main sur moi tombent les coups,
Dieu de bonté ! plus elle est paternelle :
Tu veux me dérober à ta haine éternelle :
J'adore avec amour ton aimable courroux.

Soumis aux loix, &c.

SUR L'HUMILITÉ.

Sur l'AIR : *L'autre jour tu me disois, &c.*

Les trésors de ta haute & profonde science
Sont inconnus, Seigneur, aux superbes humains :
De leur sotte raison tous les efforts sont vains,
Leur orgueil fait leur ignorance :
Il faut pour pénétrer les secrets de ta Loi,
Captiver son esprit sous le joug de la foi,
Et devenir enfant, si l'on veut être sage :
Ce n'est que par l'humilité
Qu'on peut dissiper le nuage
Qui nous cache la vérité,
Qui nous cache la vérité.

PRIERE

PRIERE AVANT LE CATÉCHISME.

Sur l'AIR : *Afin d'être docile & sage, &c.*

A VOTRE Ecole, divin Maître,
Nous nous rendons pour nous former :
Apprenez-nous à vous connoître,
A vous servir, à vous aimer.

Seigneur, qu'attentif & tranquile,
Mon esprit s'ouvre à votre voix :
Et que mon cœur toujours docile,
Se soumette au joug de vos Loix.

Nous adorons cette Loi sage
Que vous allez nous expliquer ;
Achevez, Seigneur, votre ouvrage,
Aidez-nous à la pratiquer.

Soyons à Dieu dès notre enfance,
Passons nos jours à le servir,
Et que toute notre science
Soit de croire, aimer, obéir.

AUTRE AVANT LE CATÉCHISME.

Sur l'AIR : *Le cœur que tu m'avois donné, &c.*

ESPRIT-SAINT, Dieu de vérité,
Exaucez nos prieres :
Ouvrez nos yeux à la clarté
Des traits de vos lumieres :
Divin Esprit, instruisez-nous,
Et tournez notre cœur vers vous.

E

Daignez de ces tendres enfans
Rendre l'esprit docile :
Formez leurs jours encor naissans
Au joug de l'Evangile :
Faites sur eux tomber vos dons ;
Faites-leur goûter vos leçons.

Gravez en eux de votre Loi,
Et l'amour & la crainte ;
Que dans leur cœur la vive foi
Ne soit jamais éteinte ;
Que son flambeau jusqu'au trépas
Eclaire & conduise leurs pas.

Venez, Esprit de charité,
Vous fixer dans nos ames ;
Allumez-y l'activité
De vos célestes flammes :
Esprit d'amour, venez dans nous,
Nous apprendre à n'aimer que vous !

PRIERE APRÈS LE CATÉCHISME.

Sur un Air nouveau.

BÉNISSONS à jamais
Le Dieu qui nous éclaire ;
Bénissons à jamais
Ses loix & ses bienfaits. FIN.

Sa grace salutaire
Dissipe nos erreurs,
Et comble de ses faveurs
Nos esprits & nos cœurs. Bénissons, &c.

Un Dieu qui nous aime
De cet amour extrême,
Un Dieu qui nous aime,
A droit à notre amour.   Bénissons, &c.

Gardons sa Loi sainte,
Sans lui donner la moindre atteinte ;
Gardons sa Loi sainte ;
Aimons-le, aimons-le à notre tour. Bénissons, &c.

AUTRE APRÈS LE CATÉCHISME.

Sur l'AIR : *Oui, vous le pouvez, &c.*

O MON Dieu que votre Loi sainte
Est aimable ! ah qu'elle a d'appas !
Quand on l'observe avec contrainte,
Sans doute on ne la connoît pas.

Mille fois elle est préférable
Aux trésors les plus précieux ;
Le plaisir le plus agréable
N'a rien de si délicieux.

Elle est sainte, elle sanctifie ;
Elle éclaire & guide l'esprit ;
Elle est pure, elle purifie,
Change les cœurs & les guérit.

Votre Loi donne la sagesse
Aux petits, aux humbles de cœur ;
Elle les remplit d'alégresse,
Elle les comble de douceur.

Elle est simple, elle est véritable,
Elle-même est la vérité :

E ij

Elle est juste, elle est équitable,
Et la regle de l'équité.

Comme vous, elle est éternelle,
O grand Dieu ! saint Législateur,
Qu'elle est charmante ! qu'elle est belle !
Elle est digne de son Auteur.

O mon Dieu ! que par votre grace
Votre Loi regle tous mes pas !
Que les sentiers qu'elle me trace,
Me guident jusqu'au trépas.

PRIERE AU SAINT-ESPRIT.

Sur l'Air : *Je vais te voir, charmante Lise, &c.*

ESPRIT d'amour, céleste flamme,
Par qui brûlent les cœurs des Saints !
Daigne répandre dans mon ame
Les rayons de tes feux divins.　　FIN.

Etends sur moi ton doux empire ;
Viens m'embraser, & dans mon cœur,
Fais que tout autre amour expire,
Et n'y laisse que ton ardeur.　　Esprit, &c.

PRIERE POUR LE ROI ET SON PEUPLE.

Sur l'Air : *Bénissez le Seigneur, &c.*

SEIGNEUR, sauvez notre Monarque,
Conservez ses jours précieux,
Que tous ses projets glorieux
Du Ciel portent la marque.

Qu'en lui tous respectent l'empreinte
De votre auguste Majesté :
Que consacrés à l'équité,
    Ses jours coulent sans crainte.

☙

Que son peuple, votre héritage,
Vous bénisse, Dieu de bonté ?
Que la paix & la vérité
    Soient son heureux partage.

Fin de la premiere Partie.

CANTIQUES
SPIRITUELS.

SECONDE PARTIE.

Sur les Mysteres & les Fêtes de Notre-Seigneur & de la Sainte Vierge.

LA FÊTE DE TOUS LES SAINTS,
TIRÉ DES HYMNES DE SANTEUIL.

Sur l'AIR : *O que dans nos forêts, &c.*

O Vous que dans les Cieux unit la même gloire,
Le même honneur rendu vous unit ici-bas ;
L'Eglise en ce saint jour célebre la victoire,
  Dont Dieu couronne vos combats.

Pleins du céleste Amour, au sein de la sagesse,
Vous goûtez à longs traits les plus chastes plaisirs :
Votre ame s'y repaît dans une sainte ivresse
  Du seul objet de vos desirs.

Elevé sur un trône où l'entourent des flammes,
L'Immense se complaît dans ses propres grandeurs ;

Prodigue envers ſes Saints, il s'unit à leurs ames,
   Et les remplit de ſes faveurs.

⚜

Sur l'Autel où Dieu brille, armé de ſon tonnerre,
L'Agneau paroît couvert de ſon ſang précieux,
La victime une fois offerte ſur la Terre,
   S'offre ſans ceſſe dans les Cieux.

⚜

Inveſtis des rayons de ſa gloire ſuprême,
Devant Dieu les vieillards ſont toujours proſternés,
Et mettent à ſes pieds l'auguſte diadéme
   Dont ſa main les a couronnés.

⚜

De l'Epoux éternel, la Vierge épouſe & mere,
Brille au-deſſus des Saints au céleſte ſéjour ;
Et de Dieu courroucé, déſarme la colere
   Par le Fils qu'elle met au jour.

⚜

Vous, Apôtres ! vos voix, comme autant de trom-
     pettes,
Avoient à l'Univers annoncé ſon Sauveur,
Et vous les uniſſez au concert des Prophetes
   Pour rendre hommage à ſa grandeur.

⚜

Vierges, & vous, Martyrs, teints du Sang adorable,
Les palmes à la main, vous mêlez tous vos voix,
Et chantez à l'envi ce Cantique admirable :
   Trois fois Saint, eſt le Roi des Rois.

⚜

Saints Pontifes de Dieu, qui goûtez les doux charmes!
Vos ſoins ſur vos troupeaux ont ceſſé pour jamais ;
Vous voyez, Pénitents, ſuccéder à vos larmes
   La joie & l'éternelle paix.

⚜

E iv

Là, Sion retentit d'une sainte harmonie ;
Ici, dans notre exil, nous poussons des soupirs,
Nos instrumens, nos voix, hors de notre patrie,
    Tout se refuse à nos desirs.

Grand Dieu ! quand finira notre triste carriere,
Pour nous unir aux Saints pendant l'Eternité ?
Et quand jouirons-nous de la vive lumiere,
    Sans voile & sans obscurité !

Nous ne te verrons plus sous d'obscures images,
Quand nous serons reçus au sein de tes grandeurs :
Ah ! c'est alors, Seigneur, que nos yeux sans nuages,
    Verront les traits de tes splendeurs.

Citoyens de Sion, purs Esprits, chœurs des Anges,
Vous qui régnez au sein de l'immortalité,
Daignez offrir nos vœux, nos chants & nos louanges
    Aux pieds de la Divinité.

O Saints, qui nous voyez exposés au naufrage,
Sauvez-nous du péril, assurez notre sort,
Faites-nous parvenir à l'heureux héritage
    Où conduit une sainte mort.

POUR LE JOUR

DE LA COMMÉMORAISON DES MORTS.

Sur l'AIR : *Quel est de ta douleur, &c.*

Ceux qui sont pour jamais sortis de ce bas monde,
Exigent des vivans pour soulager leurs maux,
Au lieu des vains efforts d'une douleur profonde,
Ce qui peut leur servir à les mettre en repos.

Ils nous tendent les mains dans leurs peines
    cuisantes ;
Ils demandent de nous des rafraîchissemens,
Et sans cesse, exposés à des flammes brûlantes,
Dans l'attente des biens, ils souffrent des tourmens.

Ils voudroient, mais en vain, te faire un sacrifice,
En t'offrant leurs douleurs ; le tems en est passé.
Non, les feux ne sont point leur plus cruel supplice,
C'est le remords, Seigneur, de t'avoir offensé.

Dans des brasiers ardens tu tiens ces saintes ames,
Afin d'en faire autant de victimes d'amour :
Mais elles sortiront de ces cruelles flammes,
Comme l'or du creuset, plus pures que le jour.

Qu'on admire, grand Dieu ! ta divine clémence :
Ta colere s'appaise, & tu les punis moins,
Quand exerçant sur nous une sainte vengeance,
Nous soulageons leurs maux par nos pénibles soins.

Ces esprits épurés, destinés pour la gloire,
Brûlent d'un saint desir de se rejoindre à toi.
Fais luire ton soleil au jour de leur victoire,
Et touché de nos pleurs, couronne enfin leur foi.

Libre de tous leurs maux, & joints aux chœurs
    des Anges,
Sûrs enfin du bonheur de leur éternité,
Ils ne cesseront point de chanter tes louanges,
Et de prier pour nous dans leur félicité.

E 7

POUR LA FÊTE DE L'ANNONCIATION.

Sur l'AIR : *Ne versez plus de larmes, &c.*

Voici le jour heureux où le Ciel favorable
Annonce à l'Univers le salut & la paix ;
Dans ce triste séjour, une alégresse aimable
Va régner désormais.

D'un seul homme pécheur, la chûte trop funeste
Nous avoit fait tomber ; son crime étoit sur nous ;
Dieu lui-même descend de son Trône céleste
Pour nous relever tous.

Ce fils aussi puissant, aussi grand que son pere,
Qui dans l'éternité, naît du sein Eternel,
Se fait sujet au tems, & choisit une mere
Dans ce jour solemnel.

Il prend un corps mortel, pour être la victime
Que le courroux du Ciel exigeoit de nos mains.
Dans son sang innocent, il vient laver le crime
Des coupables humains :

Le Dieu qui remplit tout de sa grandeur immense,
Se renferme en un corps, de gloire peu jaloux ;
Et pour nous rendre à Dieu par sa sainte présence,
Il demeure avec nous.

Au Pere Tout-puissant, au Rédempteur du monde,
A leur Esprit divin qui nous donne la paix ;
A ce terme infini de leur amour, profonde
Gloire soit à jamais.

LE MYSTERE DE L'INCARNATION.

Sur l'AIR : *A peine un Amant, dit Climene, &c.*

ENFIN s'accomplit le Myſtere
Prédit de loin à nos ayeux :
Ici-bas une Vierge mere
Porte en ſon ſein le Roi des Cieux.

Fut-il jamais dans la nature
Un prodige auſſi raviſſant !
Le ſalut de la créature
Eſt le bienfait d'un Dieu naiſſant.

Qui pourroit chanter tes louanges,
Vierge, qui conçois le Sauveur !
Purs Eſprits, & vous, Chœurs des Anges,
Seuls, pouvez louer, ſa grandeur.

Eve avoit fait périr ſa race,....
Vierge, tu changes notre ſort ;
Ton Fils nous obtient notre grace,.
Et nous rend vainqueurs de la mort.

Unis à Dieu par la naiſſance
Du Fils fait homme dans tes flancs,
Tu nous rends par cette alliance
Ses freres comme ſes enfans.

Reine du céleſte héritage,
Daigne, du haut de ce ſéjour,
Délivrer de leur eſclavage
Ceux qui réclament ton amour.

Que tout s'empreſſe & ſe raſſemble
Pour célébrer cette faveur;
Mortels, proſternez-vous enſemble
Devant la mere du Sauveur.

DESIRS DE LA VENUE
DE JESUS-CHRIST.

Sur l'Air : *De tous les Capucins du monde, &c.*

DU Ciel les ordres s'accompliſſent,
Peuples, vos maux s'évanouiſſent,
Le Très-Haut comble vos deſirs:
Levez, levez au loin vos têtes:
Sur vous luiront ces jours de fêtes
Qu'ont acheté tant de ſoupirs.

D'un pere rebelle & coupable
Les enfans, race miſérable,
Eprouvoient le plus triſte ſort:
La nature étoit pervertie,
Et languiſſoit enſevelie
Dans les ténebres de la mort.

Mais quelle mort plus funeſte!
Pour tous la juſtice céleſte
Allume mille feux vengeurs;
Ils craignent un juge inflexible;
Et dans cette attente terrible,
Rien ne ſoulage leurs douleurs.

Hélas! quand tout leur fai la guerre,
Fû -il quelqu'un qui, ſur la erre,
Eût réparé leurs maux divers?

Quelle main favorable & sûre
Pourroit guérir une blessure,
Dont est frappé tout l'Univers ?

❦

O Christ ! ô Sagesse éternelle !
Descendant pour l'homme infidele
Du trône de ta Majesté,
Tu peux réparer ton ouvrage,
Et rendre seul à ton image
Toute sa forme & sa beauté.

❦

Cieux, envoyez votre rosée,
La Terre stérile, épuisée,
Attend de vous cette faveur ;
Sa voix plaintive vous appelle ;
Le Juste descendra sur elle,
D'elle va naître son Sauveur.

LA NAISSANCE DE JESUS-CHRIST.

Sur un Air nouveau.

Quels miracles nouveaux, éclatans dans ces lieux,
Confondent la raison, les sens & la nature ?
L'Eternel vient de naître en ce jour glorieux,
Et celle qui l'enfante est une Vierge pure.

❦

L'Auteur de notre joie a les larmes aux yeux,
Celui qui nourrit tout, manque de nourriture ;
La crêche enferme un Dieu plus vaste que les Cieux,
Le Monarque est esclave, & l'Impassible endure.

❦

Un petit Roi poursuit le Roi qui fait les Rois,
La parole du pere est aujourd'hui sans voix,

Le froid saisit ses mains qui lancent le Tonnerre,
Le froid saisit, &c.

Mais que pour retirer les hommes de prison,
Des miracles si grands se fassent sur la terre,
C'est le plus grand miracle où se perd la raison,
C'est le plus grand, &c, &c.

LE MOMENT DE LA NAISSANCE DE JESUS-CHRIST.

Sur l'Air : *Dans un hermitage, &c.*

O DIEU de clémence,
Viens par ta présence,
Combler nos desirs,
Appaiser nos soupirs.　　　　FIN.

Sauveur secourable,
Parois à nos yeux,
A l'homme coupable,
Viens ouvrir les Cieux.

Céleste victime
Ferme-lui l'abîme.
O Dieu de, &c.

Sagesse éternelle,
Lumiere immortelle,
Viens du haut des Cieux,
Viens éclairer nos yeux.　　　　FIN.

Justice adorable,
Parois à jamais,
O toujours aimable,
Viens, céleste paix.

Qu'ils feront durables,
Tes biens ineffables !

Sageſſe, &c.

Peuple inconſolable,
Le Ciel favorable,
Senſible à tes pleurs,
Met fin à tes malheurs.　　　Fin.

Le Dieu de juſtice
Remplit tes deſirs,
Il ſera propice
Aux humbles ſoupirs :

Ils vont juſqu'au trône
Du Dieu qui pardonne.

Peuple, &c.

O jour d'allegreſſe !
Le Ciel s'intéreſſe
A tous nos malheurs,
Il calme nos frayeurs.　　　Fin.

Un Dieu va paroître
Dans l'abaiſſement,
Un Dieu vient de naître
Dans le dénuement :

Il eſt dans l'Etable
Pauvre & miſérable.

O jour, &c.

Un dur eſclavage
Fut notre partage :
Il briſe nos fers,
Et ſauve l'Univers.　　　Fin.

Loin de fa préfence
Le crime s'enfuit,
Et par fa puiffance
L'Enfer eft réduit :

A tous fa naiffance
Rendra l'innocence.

Un dur, &c.

Chantons tous fa gloire,
Chantons fa victoire,
Chantons fes bienfaits,
Chantons-les à jamais.　　　　　FIN.

Tous les Cieux s'abaiffent,
Saifis de refpect ;
Nos maux difparoiffent
A fon feul afpect.

Tout à fa naiffance
Céde à fa puiffance.

Chantons, &c.

Gloire à fon enfance,
Gloire à fa clémence,
Au plus haut des Cieux :
Gloire, amour en tous lieux.　　　FIN.

Que les chœurs des Anges,
Que les immortels
Chantent fes louanges
Avec les mortels :

Qu'à l'envi réponde,
Et la Terre & l'Onde.

Gloire, &c.

LES EFFETS QUE VA PRODUIRE LA NAISSANCE DE JESUS-CHRIST.

Sur l'AIR : *Où s'en vont ces gais Bergers ?* &c.

OUBLIONS nos maux paſſés ;
　Ne verſons plus de larmes,
Tous nos vœux ſont exaucés,
　Nous n'avons plus d'alarmes ;
Dieu naît, les Démons ſont terraſſés :
　Quel ſort eut plus de charmes ?

❧

L'Univers étoit perdu
　Par un funeſte crime,
Du Ciel un Dieu deſcendu
　Le ſauve de l'abîme :
L'Enfer nous étoit juſtement dû,
　Dieu nous ſert de victime.

❧

Ce Dieu qui vient s'incarner
　Finit notre diſgrace ;
La juſtice alloit tonner,
　Mais l'amour prend la place :
Le Pere eſt prêt à nous condamner,
　Le Fils demande grace.

❧

Nous échappons aux Enfers,
　Nous ſortons d'eſclavage,
Les Cieux vont nous être ouverts,
　Quel plus heureux partage ?
Le ſalut s'offre à tout l'Univers,
　Amour, c'eſt ton ouvrage.

❧

Pouvons-nous trop estimer
Un sort si desirable ?
Peut-il ne pas nous charmer,
Ce Dieu si favorable ?
Pouvons-nous jamais assez l'aimer ;
Qu'est-il de plus aimable ?

Sous la forme d'un mortel,
C'est un Dieu qui se cache ;
Du sein du Pere Éternel,
Son tendre amour l'arrache ;
Pour nous il vient s'offrir à l'Autel,
Comme un Agneau sans tache.

Qu'il nous aime tendrement !
Il se livre lui-même !
Aimons souverainement
Cette bonté suprême ;
Aimons, aimons ce divin Enfant,
Aimons-le comme il aime.

LES FRUITS DE LA NAISSANCE
DE JESUS-CHRIST.

Sur l'AIR : *Laissez paître vos bêtes, &c.*

AMOUR, honneur, louanges,
Au Dieu Sauveur dans son berceau,
Chantons avec les Anges
Un Cantique nouveau.　　　　　FIN.

Si cet Enfant verse des pleurs,
C'est pour attendrir les Pécheurs,
Et mettre fin à nos malheurs :
Chargé de notre offense

Il calme le courroux des Cieux,
 La paix par sa naissance,
 Va régner en tous lieux.

 Amour, &c.

Si notre cœur est dans l'ennui,
Nous ne devons chercher qu'en lui
Et notre force & notre appui,
 Loin de nous les allarmes,
Le trouble & les soucis fâcheux,
 Un jour si plein de charmes
 Doit combler tous nos vœux.

 Amour, &c.

Quand il nous voit prêts à périr,
Pour nous lui-même il vient s'offrir,
Et par sa mort veut nous guérir.
 A l'ardeur qui le presse,
Joignons nos généreux efforts,
 Et que de sa tendresse
 Tout suive les transports.

 Amour, &c.

Ne craignons plus le noir séjour,
Ce Dieu qui naît pour notre amour,
Nous ouvre la céleste Cour :
 Le Démon plein de rage
A beau frémir dans les Enfers ;
 De son dur esclavage
 Nous briserons les fers.

 Amour, &c.

Sortons des ombres de la nuit,
Suivons cet Astre qui nous luit,

Au vrai bonheur il nous conduit,
Entrant dans la carriere,
Par-tout, il porte ſes ardeurs,
Sa brillante lumiere
Enchante tous les cœurs.

Amour, &c.

※

Par ſon immenſe charité,
Il rend à l'homme racheté
Le droit à l'immortalité :
Sous ſon heureux empire,
Les biens ſeront toujours parfaits,
Heureux qui ne ſoupire
Qu'après ſes doux attraits !

Amour, &c.

LES AMABILITÉS DE JESUS NAISSANT.

Sur l'AIR : *Mon cœur volage, &c.*

Qu'IL naît aimable,
Dans une Etable,　　　Jeſus enfant !
Qu'il eſt beau ! qu'il eſt raviſſant !
　　　Plus je l'admire,
Plus il m'inſpire　　　La vive ardeur
Dont pour lui doit brûler tout cœur.　FIN.

　　　Non rien n'égale
Ce qu'il étale　　　De gracieux,
Et ſur ſon front, & dans ſes yeux.
　　　Dans ſa grandeur,
Tout eſt attraits, charmes, douceur :
Tout eſt ſerein,　　　Riant, humain,
Divin, divin.　　　Qu'il naît, &c.

A son aspect,   Naît le respect,
La confiance,   L'amour, la paix,
 Tous les bienfaits de l'innocence.

 Qu'il, &c.

 Si sa puissance,   Si sa clémence,
Dans sa naissance,   Dans son enfance,
 Font luire à nos yeux tant d'appas,
  Peut-on, hélas ! hélas ! hélas !
   Ne l'aimer pas ?
Peut-on, hélas !   Ne l'aimer pas ?
 Tendre Sauveur, mon divin Roi !
 Qu'il est doux d'être sous ta loi !
   Reçois ma foi ;
De ton feu saint embrase-moi.

 Qu'il est, &c.

INVITATION A CHANTER
LA NAISSANCE DE JESUS-CHRIST.

Sur l'AIR : *O le bon tems que la moisson, &c.*

CHANTEZ, mortels, votre bonheur,
Chantez, vous avez un Sauveur. FIN.

 Le Ciel enfin tarit vos larmes ;
Il est sensible à vos malheurs ;
Il va terminer vos alarmes,
Et rendre la vie aux Pécheurs. Chantez, &c.

Chantez, mortels, &c.

 Pour être d'un accès facile,
Il cache sa divinité ;

Pour trône il choifit un afyle
Dans le fein de la pauvreté.   Chantez, &c.

☙

Chantez, mortels, &c.

Allez à ce Sauveur aimable,
Cherchez-le d'efprit & de cœur,
Il n'eft point de bien véritable
Pour qui s'éloigne du Seigneur. Chantez, &c.

☙

Chantez, mortels, &c.

Mais en célébrant fa naiffance,
Pour plaire à ce Dieu de bonté,
Des Bergers ayez l'innocence,
Leur zele & leur fimplicité.   Chantez, &c.

LES BERGERS INVITÉS A CHANTER
LA NAISSANCE DE JESUS-CHRIST.

Sur l'AIR : *Eh ! quoi tout fomeille ; &c.*

VOTRE divin maître,
Bergers, vient de naître ;
Raffemblez-vous,
Volez à fes genoux :
Aux Hymnes des Anges,
Mêlez vos louanges ;
De vos concerts
Rempliffez l'Univers.   FIN.

(*Le chœur*) Notre divin maître,
Pour nous vient de naître ;
Raffemblons-nous,
Volons à fes genoux :

Aux Hymnes des Anges,
Mêlons nos louanges,
De nos concerts
Rempliſſons l'Univers.   FIN.

Tendre victime,
Sauveur magnanime,
Il vient de tout crime
Laver les Pécheurs :
Mais les prémices
De ſes dons propices,
Et de ſes faveurs,
Sont pour les Paſteurs.

Notre, &c.

O qu'il eſt puiſſant,
Auguſte, adorable !
Mais qu'il eſt aimable,
Ce Dieu fait enfant !
Qu'il eſt beau ! qu'il eſt grand !
Qu'il eſt bienfaiſant !
Qu'il eſt charmant !

Notre, &c.

A ce Dieu qui vous aime,
Venez ſans frayeur ;
—Vos agneaux même
N'ont point ſa douceur.
La timide innocence,
La ſimple candeur,
L'humble indigence
Plaiſent à ſon cœur.
Pour être à vous ſemblable,
Il naît dans une Etable,
Il habite un Hameau,
Une Crêche fait ſon berceau !
A vous que tout s'uniſſe ;

Que dans ce faint jour,
Tout retentiſſe
De vos chants d'amour !
Pour lui, muſette tendre,
Hauboits, chalumeaux !
Faites entendre
Vos ſons les plus beaux.

Notre, &c.

SENTIMENTS POUR JESUS NAISSANT.

Sur l'AIR : *Tous les Bourgeois de Châtres*, &c.

LE fils du Roi de gloire
Eſt deſcendu des Cieux :
Que nos chants de victoire
Réſonnent dans ces lieux ;
Il dompte les Enfers,
Il calme nos alarmes,
Il tire l'Univers   Des fers,
Et pour jamais,   Lui rend la paix,
Ne verſons plus de larmes.

L'amour ſeul l'a fait naître
Pour le ſalut de tous :
Il fait par là connoître
Ce qu'il attend de nous :
Un cœur brûlant d'amour
Eſt le plus bel hommage ;
Faiſons lui tour-à-tour   La cour,
Dès aujourd'hui   N'aimons que lui :
Qu'il ſoit ſeul mon partage.

Vains honneurs de la Terre,
Je veux vous oublier ;

Le

Le maître du tonnere
Vient de s'humilier :
De vos trompeurs appas
Je saurai me défendre :
Allez, n'arrêtez pas   Mes pas....
Monde flatteur,   Monde enchanteur ;
Je ne veux plus t'entendre.

Regnez seul en mon ame,
O mon divin époux !
N'y souffrez point de flamme
Qui ne s'adresse à vous :
Que voit-on dans ces lieux,
Que misere & bassesse ?
Ne portons plus nos yeux   Qu'aux Cieux :
A votre loi,   Céleste Roi,
J'obéirai sans cesse.

LA CIRCONCISION
DE NOTRE SEIGNEUR JESUS-CHRIST.

Sur l'AIR : *Fatal amour ! cruel vainqueur, &c.*

DIVIN Jesus, mon Dieu, mon Roi !
Où t'a réduit l'excès de ton amour pour moi !
Divin Jesus, mon Dieu, mon Roi !
Où t'a réduit l'excès de ton amour pour moi ? FIN.

Tu ne fais encore que naître ;
Tes pleurs sur moi versés, ont mouillé ton berceau ;
Et tu viens pour moi, tendre agneau,
T'offrir au glaive du Grand-Prêtre.
Divin, &c.

Tu nais dans les douleurs, & de ton sang propice,
O Dieu saint ! je te vois sceller tes jours naissans :

* E

Et moi dont les forfaits ont devancé les ans,
Je n'ai rien fait encor pour calmer ta justice.

Divin Jesus, &c.

Dieu tout-puissant, tendre Sauveur !
Sous ton aimable loi viens captiver mon cœur.
Dieu tout-puissant, &c.
Sois toujours mon guide fidele
Eteins dans moi l'orgueil & l'amour du plaisir ;
Ne me laisse d'autre desir
Que de te prendre pour modele.

Dieu tout, &c.

Que j'apprenne à souffrir, moi qui fus seul coupable ;
Que je sache expier mes crimes à mon tour ;
Et que mon repentir animé par l'amour,
De pleurs, mêle un torrent à ton sang adorable.

Dieu tout-puissant, &c.

A L'HONNEUR
DU SAINT NOM DE JESUS.

Sur l'AIR : *L'Amour est à craindre, &c.*

JESUS adorable !   Jesus seul aimable !
Votre nom remplit mon cœur
De joie & de douceur.
Jesus adorable !   Jesus seul aimable !
Votre nom sera toujous
Ma force & mon recours.   FIN.

Que dans chaque instant,
Par-tout on l'annonce ; Plus on le prononce,
Plus il est charmant.   Jesus, &c.

Que tout cœur l'honore,
L'adore,   L'implore,

Et goûte ses tendres bienfaits.
Que sa gloire,   Sa mémoire,
        Comme ses attraits,
        Regnent à jamais.   Jesus, &c.

L'ÉPIPHANIE.

Sur l'AIR : *Que chacun de nous se livre, &c.*

SUIVONS les Rois dans l'Etable
Où l'Etoile les conduit ;
Que vois-je ? un Enfant aimable
De sa Crêche les instruit :
O Ciel ! quels traits de lumiere
Frappent mes yeux & mon cœur !
Dans le sein de la misere
Que d'éclat & de grandeur !

Oui, c'est le Dieu du tonnere,....
Venez fléchir les genoux ;
Adorez, Rois de la Terre,
Un Roi plus puissant que vous :
Suivez l'exemple des Mages :
D'un cœur pur, les sentimens
Sont de plus dignes hommages
Que l'or, la myrrhe & l'encens.

Il ne doit point leur hommage
A l'éclat d'un vain dehors ;
L'indigence est son partage,
Ses vertus sont ses trésors ;
Sa splendeur, ni sa couronne
Pour ses yeux n'ont point d'attraits ;
Une Crêche fait son trône,
Une Etable est son Palais.

F 3

O réduit pauvre & champêtre !
Dans ton paisible séjour,
L'Univers offre à son Maître
Le tribut de son amour :
Enfin l'heureux jour s'avance
Qu'à nos Peres Dieu promit :
A Béthléem il commence,
Sur la Croix il s'accomplit.

❧

Quand la grace nous appelle,
Gardons-nous de résister ;
Suivons ce guide fidele,
Quittons tout sans hésiter :
Craignons de perdre de vue
L'Astre qui pendant la nuit,
Comme du haut de la nue,
Nous éclaire & nous conduit.

LA PRÉSENTATION DE JESUS-CHRIST AU TEMPLE, ET LA PURIFICATION DE LA SAINTE VIERGE.

Tiré d'une Hymne de Santeuil.

Sur un Air nouveau.

QUEL prodige en ce jour ! Dieu devient une
hostie,
Il soumet à la loi le grand législateur :
Une Mere est sans tache, elle se purifie ;
On rachete le Rédempteur.

❧

Une Vierge a suivi l'humiliant exemple
Des meres pour un tems proscrites du saint lieu...

Pourquoi craindre d'entrer dans cet augufte Temple,
   Vous, le Temple vivant de Dieu ?

Un triple facrifice accompagne Marie,
Elle immole aujourd'hui fon honneur le plus cher;
Un faint Vieillard immole avec plaifir fa vie,
   Un Enfant immole fa chair.

Hélas ! combien de traits doivent percer votre
   ame !
Pourrez-vous réfifter à tant de coups mortels?
Vierge, ce tendre Agneau dont l'amour vous en-
   flâme,
   Eft deftiné pour les Autels.

Cet Enfant vient offrir la naiffante victime,
Qui pour nous racheter, doit s'immoler un jour.
Qu'il croiffe, & l'on verra laver tout notre crime
   Dans un fang fi digne d'amour.

Au Pere comme au Fils, à la Flamme divine,
Leur amour éternel, gloire foit en tout lieu.
En ces trois par la foi qui notre ame illumine,
   Nous vous adorons, un feul Dieu.

POUR LE TEMS DU CARÊME,

SENTIMENS DE PÉNITENCE.

Sur un Air nouveau.

CONSIDERE, Seigneur, d'un œil de complai-
   fance,
   Les gémiffemens & les cris,

Qui, pendant ces jours d'abstinence,
A nos jeûnes sont réunis.   FIN.

Qui, pendant, &c.

Scrutateur de tout cœur, tu sais notre misere ;
Pardonne à des cœurs pleins de foi :
Tes enfans recherchent leur pere ;
Que n'obtiendront-ils pas de toi ?

Tes, &c.

Nous avons offensé ta Majesté suprême,
Mais nous réclamons ton pardon :
Sauve-nous, non point pour nous-même,
Mais pour la gloire de ton nom.

Sauve, &c.

Ah ! tandis que nos corps privés de nourriture,
Sont aux faux plaisirs arrachés,
Fais sur-tout que l'ame s'épure
De la souillure des péchés.

Fais, &c.

Trinité, seul vrai Dieu, nous vous offrons l'hom-
mage
De nos jeûnes & de nos vœux :
Couronnez en nous votre ouvrage ;
Daignez-les rendre fructueux.

Couronnez, &c.

LES MYSTERES DE LA PASSION DE JESUS-CHRIST.

Sur l'Air : *Arrachez de mon cœur, &c.*

JESUS AU JARDIN.

Est-ce vous que je vois, ô mon Maître adorable,
Pâle, abattu, sanglant, victime des douleurs ?
Falloit-il à ce prix racheter un coupable,
Qui même à votre sang ne mêla point ses pleurs ?

JESUS TRAHI.

Judas vous livre aux Juifs dans sa fureur extrême,
Peut-il à cet excès, le traître, vous haïr ?....
Comme lui, mille fois, je dis que je vous aime,
Et je ne rougis point, ingrat, de vous trahir.

JESUS PRIS.

On vous charge de fers, innocente victime,
Peuple, & Prêtres, & Rois, tous s'arment contre
  vous :
Si le Ciel est si lent à venger un tel crime,
C'est votre amour, Jesus, qui suspend son courroux.

JESUS MOQUÉ.

On vous couvre d'affronts, on vous raille, on vous
  frappe ;
Mépris, soufflets, crachats, rien ne peut vous aigrir :
Nul murmure secret, nul mot ne vous échappe,
Et moi, sans éclater, je ne puis rien souffrir.

JESUS FLAGELLÉ.

O barbare fureur ! dans son sang un Dieu nage,
Sur lui, mille bourreaux s'acharnent tour-à-tour,

Ils redoublent leurs coups, ils épuisent leur rage,
Et rien ne peut jamais affoiblir son amour.

JESUS COURONNÉ D'ÉPINES.

Quand je vois mon Sauveur, mon Chef & mon
    modele,
Ceint d'un bandeau sanglant d'épines de douleurs;
Combien dois-je rougir, lâche, infâme, infidele,
D'aimer à me plonger dans le sein des douceurs?

JESUS CRUCIFIÉ.

Quel spectacle effrayant! ô Ciel, quelle justice!
Jesus quoiqu'innocent, en Croix meurt attaché;
Un Dieu juste, un Dieu bon ordonne ce supplice,
Jugez de-là, mortels, quel mal est le péché!

JESUS ÉLEVÉ EN CROIX.

Votre Fils expirant, entre vous & la Terre,
Est comme un mur, grand Dieu! qui pare à tous
    vos coups.
S'il vous plaît de nous perdre, il faut que le ton-
    nerre
Frappe ce Fils chéri, pour venir jusqu'à nous.

RÉFLEXION.

Tu le vois mort, Pécheur, ce Dieu qui t'a fait
    naître,
Sa mort est ton ouvrage, sa mort est ton appui...
A ce trait de bonté, tu dois au moins connoître
Que s'il est mort pour toi, tu dois vivre pour lui.

CONCLUSION.

O victime d'amour! ô noble sacrifice!
O sanglante agonie! ô cruelles rigueurs!
O trépas bienheureux! salutaire supplice!
Vous serez à jamais l'entretien de nos cœurs.

SENTIMENS DE PIÉTÉ
SUR LA PASSION DE JESUS - CHRIST.

Sur l'AIR : *Paisibles bois , &c.*

O MON Jesus, mon Pere & mon Sauveur !
De quels flots d'amertume avez-vous l'ame atteinte !
   Ah ! faites passer dans mon cœur
   Votre tristesse & votre crainte.   FIN.

Vous êtes l'immortel, & le Dieu de grandeur :
Du Ciel vous faites seul l'éclat, l'amour, les char-
   mes ;
   Est-ce à vous que sied la douleur ?
C'est à mes yeux à répandre des larmes,
Au fatal souvenir du cours de mes forfaits :
Ah ! pour vous en venger, je devrois à jamais
Et suer votre sang, & sentir vos allarmes.

O mon Jesus, &c.

RÉFLEXIONS
SUR LA CROIX DE JESUS-CHRIST.

Sur l'AIR : *Voici le doux objet que j'aime, &c.*

VOILA la Chaire où Jesus nous instruit ;
Le lit, où pour jamais son sang nous reproduit ;
Le siége, où se rendra la justice suprême ;
Le char, où jusqu'au Ciel la gloire l'a conduit ;
Et l'Autel, où pour nous il s'immole lui-même.

PRIERE A LA VUE DE LA CROIX DE JESUS-CHRIST.

Sur l'AIR : *Amour fidèle, &c.*

O CROIX, cher gage
D'un Dieu mort pour nous !
Je viens vous rendre hommage,
J'ai recours à vous.   FIN.

O croix, &c.

Vous êtes la source
  Des vrais biens,
L'espoir, la ressource
  Des Chrétiens.   O Croix, &c.

En vous est l'asyle
  Du Pécheur,
Et l'accès facile
  Du Sauveur.   O Croix, &c.

Je vous embrasse,
O bois précieux,
Où l'Auteur de la grace
Nous ouvrit les Cieux.   FIN.

Je vous, &c.

O mon espérance !
  Mon secours !
Soyez ma défense
  Pour toujours.   Je vous, &c.

Faites, ô Croix sainte !
  Qu'en vos bras
J'affronte, sans crainte,
  Le trépas.   Je vous, &c.

JESUS EXPIRANT,
INVITE LE PÉCHEUR A SE CONVERTIR.

Sur un Air nouveau.

Cœur rebelle !   Dieu t'appelle
    Entre les bras de sa Croix.
Dieu t'appelle,   Sois fidele
    Au dernier cri de sa voix.   FIN.

Son cœur tendre   Doit t'apprendre
    Qu'il pardonne le Pécheur.
Sa clémence   Ne s'offense
    Que de son trop de lenteur.
A ses charmes,   Rends les armes,
    Attends tout de sa douceur.
S'il soupire,   S'il expire,
    C'est pour être ton Sauveur.

    Cœur, &c.

LE PÉCHEUR AU PIED DE LA CROIX
DE JESUS-CHRIST.

Sur l'AIR : *Solitaire témoin, &c.*

Bois sacré ! doux espoir d'une ame convertie,
O Croix, gage éternel de l'amour de mon Dieu !
    Je viens déplorer en ce lieu
    Les égaremens de ma vie :
Pour laver la noirceur de mon iniquité,
    Où recourir, hélas ! dans ma misere ?
    D'un Dieu puissant par mon crime irrité,
    O croix ! appaise la colere,
    O Croix ! ô Croix ! appaise la colere.
           F vj

LE MYSTERE DE LA RÉSURRECTION DE JESUS-CHRIST.

Sur l'Air : *Aimable Zéphir, &c.*

Tombeau de mon Sauveur, où mon espoir se
fonde,
N'aurez-vous point pitié des peines que je sens ?
Ouvrez-vous, ouvrez-vous à mes tristes accens,
Ou pour me recevoir, ou pour le rendre au monde.

Grand Dieu, plein de bonté ? quel malheur est le
nôtre !
En venant nous sauver, vous recevez la mort :
Je renonce à mon bien, s'il vous fait tant de tort ;
Faites couler mon sang, & reprenez le vôtre.

Je ne vous comprens point, adorable sagesse :
Quoi ? le pere du jour a perdu la clarté ?
Comment joindre la mort avec l'Eternité,
Et le Dieu Tout-Puissant avec tant de foiblesse ?

Je vous entens, Seigneur ; la grotte s'est ouverte
Qui vous cachoit à moi dans ces obscurités :
Vous mourez, mon Sauveur ; mais vous ressuscitez :
La mort, en vous perdant, n'a trouvé que sa perte.

Quel bien, & quelle gloire en merveilles féconde !
Venez avec nous, chantez, Anges, chantez :
Vous mourez, Tout-Puissant ; mais vous ressuscitez :
Et cette courte mort est le salut du Monde.

Que la Terre commence, & que le Ciel réponde :
Ouvrez-vous, Cieux des Cieux, chantez, Aſtres,
    chantez :
Vous mourez, Tout-Puiſſant; mais vous reſſuſcitez ;
Et cette courte mort eſt le ſalut du Monde.

INVITATION A CÉLÉBRER
LA RÉSURRECTION DE JESUS-CHRIST.

Sur un Air nouveau.

CHANTEZ, habitans du mortel ſéjour,
  Le Dieu qui vous donne la victoire.
De la mort, Jeſus triomphe en ce jour,
Et pour jamais vous aſſure de ſa cour
      La gloire.   FIN.

    Pour expier vos crimes,
Vous n'aviez point de victimes ;
    Pour vous il vient s'offrir,
    S'immoler & mourir.

    Chantez, &c.

      De la grace,
    Les dons parfaits
Préviennent, aident nos ſouhaits ;
Par la douceur de ſes traits,
Il n'eſt rien que l'on ne faſſe.

    Chantez, &c.

LES EFFETS DE LA RÉSURRECTION
DE JESUS-CHRIST.

Sur l'AIR : *Tendre fruit des pleurs de l'Aurore, &c.*

Vainqueur de l'Enfer & du Monde,
Pour nous Jesus sort du tombeau ;
Aux horreurs d'une nuit profonde,
Succède le jour le plus beau.

En proie aux plus vives alarmes,
Nous gémissons sur nos malheurs :
Nos yeux s'ouvroient sans cesse aux larmes,
Nous mangions un pain de douleurs.

La joie a fait fuir la tristesse ;
Peuple heureux, peuple racheté !
Qu'aujourd'hui ta sainte allégresse
Chante Jesus ressuscité.

O que renferme ce Mystere,
De dons, de graces, de bienfaits ;
Tout nous y peint le caractere
De la victoire & de la paix.

Femmes, que votre cœur timide
Ne cede point à son effroi !
Approchez, votre amour vous guide ;
Votre amour vit par votre foi.

Vous, sur-tout, voyez, ame sainte,
Le Sépulcre où Jesus fut mis ;

L'amour vous l'ouvre ; mais la crainte
En a chaſſé ſes ennemis.

Jeſus récompenſe lui-même
Votre courage & votre amour :
Vous prouvera-t-il qu'il vous aime,
Plus qu'il le fait en ce grand jour ?

Il vit : ne cherchez plus la vie
Dans les ténebres de la mort ;
Votre ame ſurpriſe & ravie,
Va bénir ſon bienheureux ſort.

Allez à la troupe fidelle
De ſes Diſciples conſternés,
Leur faire part de la nouvelle
Dont vos eſprits ſont étonnés.

O Jeſus ! toi dont la tendreſſe
Egale en tout tems le pouvoir,
Remplis envers nous ta promeſſe,
Et mets le comble à notre eſpoir.

Et de la mort & de l'abîme,
Toi qui tiens les clefs dans tes mains ;
Daigne nous préſerver du crime,
Qui ſeul y plonge les humains.

Par l'opprobre & par la ſouffrance,
Tu nous rachetes, Dieu Sauveur !
Fais-nous marcher avec conſtance
Dans le chemin du vrai bonheur.

Qu'un jour ayant part à ta gloire,
Nos voix célebrent à jamais
Et ton triomphe & ta victoire
Dans le Royaume de la paix.

L'ASCENSION
DE NOTRE SEIGNEUR JESUS-CHRIST.

Sur l'Air : *Eh ! quoi, tout sommeille, &c.*

Portes éternelles !
Voûtes immortelles !
Dans ce grand jour,
Ouvrez votre séjour.
Le Dieu de puissance,
D'amour, de clémence,
Dans sa splendeur,
Vient rentrer en vainqueur.   FIN.

Le noir abîme,
La mort, sa victime,
Le monde, le crime
Domptés par ses mains ;
La guerre éteinte ;   La demeure sainte,
Ouverte aux humains,
Sont ses faits divins.

Portes, &c.

Déja sous les yeux
D'un peuple fidele,
S'asseyant sur l'aîle
Des vents qu'il appelle,
Ce Roi glorieux   Vole victorieux
Aux sublimes lieux....
Triomphez, Cieux !

Portes, &c.

Célebre sa victoire,
Céleste cité !
Chante sa gloire
Qui fait ta beauté.
A lui seul, chœur des Anges,
Offrez à jamais
Et vos louanges
Et vos chants de paix ;
Et vous, que son absence
Tient dans la souffrance,
Mortels, consolez-vous,
Son bonheur peut être pour tous.
Son Esprit saint, sa grace,
Ses douces faveurs
Tiendront sa place,
Rempliront vos cœurs ;
Si vous brûlez des flammes
De son feu divin,
Un jour vos ames
Iront dans son sein.

Portes, &c.

LES EFFETS DE L'ASCENSION
DE NOTRE SEIGNEUR JESUS - CHRIST.

Sur l'AIR : *Sans cesse le Zéphir, &c.*

SUR les aîles des vents, il échappe à mes yeux,
Il pénetre, il s'éleve aux voûtes éternelles,
Jesus s'assied enfin sur l'empire des Cieux,
Frayons-nous jusqu'à lui des routes immortelles ;
Aimez, volez, mon cœur,
Suivez ce Dieu vainqueur,
L'amour donne des aîles.

Il a trouvé la mort sous les traits des Pécheurs :
Mais le jour qui le vît sur une Croix infâme,
Vit couler à la fois & son sang & mes pleurs :
Du péché, par sa mort, il a rompu la trame ;
    Elle a brisé mes fers,
    Et les Cieux sont ouverts
    Aux transports de mon ame.

Avec lui je souffrois, je mourois par sa mort :
Il triomphe, & mon cœur partage sa victoire ;
En entrant dans les Cieux, il me montre le port :
Si mon œil ne voit pas, ma foi du moins fait croire ;
    Je l'aime en l'adorant ;
    Je vis en espérant
    D'avoir part à sa gloire.

Faites gronder la foudre, allumez les éclairs,
Enfers, Démons affreux, faites trembler la Terre ;
Semez votre fureur dans les plaines des airs :
Je méprise l'éclat de votre vain tonnerre ;
    Jesus est mon espoir :
    Armé de son pouvoir,
    Je crains peu votre guerre.

POUR LE JOUR DE LA PENTECOSTE,

PRIERE AU SAINT-ESPRIT.

Sur l'Air : *Reviens, ma voix t'appelle, &c.*

DESCENDS, descends, Esprit de flamme !
Descends, descends, Esprit de flamme !
Descends, répands tes dons divers.
Toùt t'invoque, & tout te réclame ;
Embrase & tout cœur & toute ame.

Defcends, defcends dans l'Univers ;
Defcends, defcends, tout te réclame,
Tout te réclame.

Tout t'invoque & tout te réclame,
Embrafe & tout cœur & toute ame.
Defcends, defcends dans l'Univers :
Defcends, defcends , tout te réclame.

LE MYSTERE DE LA SAINTE TRINITÉ.

Sur l'AIR : *O mon Dieu que votre Loi fainte, &c.*

O TOI, qu'un voile épais nous cache,
Indivifible Trinité !
Lumiere éternelle & fans tache,
Nous adorons ta Majefté.

En Dieu, feul Saint, feul adorable,
O que de gloire & de grandeur !
O quel abîme impénétrable
Et de richeffe & de fplendeur !

Confondez-vous, raifon humaine ;
Sur cet objet, fermez les yeux :
La beauté de Dieu fouveraine
Ne peut fe voir que dans les Cieux.

Le Pere admirant fa fageffe
Engendre un Fils qui le chérit :
De leur mutuelle tendreffe
L'Efprit-Saint eft l'augufte fruit.

Le Pere en nous donnant la vie,
Nous la conferve à chaque inftant,

Le Saint-Esprit nous sanctifie
Par les feux qu'en nous il répand.

❧

Egal en tout, à Dieu son pere,
Dieu le Fils, le Verbe éternel,
Pour soulager notre misere,
A daigné se faire mortel.

❧

Enfans soumis, rendons hommage
A la divine Trinité;
Son nom saint est pour nous le gage
De l'heureuse immortalité.

POUR LE JOUR DE LA FÊTE-DIEU,

LES GRANDEURS DE L'EUCHARISTIE.

Sur l'AIR : *Dans nos hameaux la paix, &c.*

O FILS de Dieu, vrai Dieu, comme lui-même,
Dieu Rédempteur, Dieu fait homme pour tous,
Médiateur, Prêtre & Juge suprême,
O doux Jesus, tu t'immolas pour nous !
Mais le Pécheur s'obstine à méconnoître
Un Dieu caché sous un voile emprunté,
Par mille excès il outrage son Maître,
Son Roi, le Dieu de toute majesté.

❧

Quoi donc, Seigneur, au pied du Sanctuaire
Un cœur impur va s'offrir hardiment?
Et ne craint point d'approcher du Mystere
Où l'Ange même assiste en suppliant?
La mort, par toi, vit rompre sa barriere,
Mais tes enfans te font encor mourir :

Pour les fauver, tu mourus au Calvaire,
Et tu renais encor pour les nourrir.

Tu les choifis pour ton cher héritage;
Toujours fur eux tu veilles tendrement :
Ton corps, ton fang, font leur pain, leur Breu-
vage,
Leur ame y trouve un folide aliment :
De ton amour, ô pieux artifice !
Pour eux, tu vis, comme mort, fur l'Autel ;
Ah ! fe peut-il qu'au divin Sacrifice,
Pour l'homme ainfi s'abaiffe l'Immortel !

Tu n'y fais point redouter ta puiffance
Comme autrefois quand tu dictas ta Loi :
Que de douceur ! que de traits de clémence !
Que de mérite offert à notre foi !
O que de biens coulent de cette fource !
Quel cœur tiendroit contre tant de faveurs ?
Des exilés, ta chair eft la reffource,
Et dans ton fang, tu laves les pécheurs.

Un voile épais te cache à notre vue,
Et de ton front tempere la fplendeur ;
Si tu montrois ta face toute nue,
L'homme ébloui, feroit plein de frayeur.
Que notre foi pénetre ce nuage,
Qui tient Jefus à nos regards voilé ;
A l'Agneau pur, offrons un pur hommage,
Immolons-nous au Sauveur immolé.

LE SAINT SACRIFICE DE LA MESSE.

Sur l'AIR : *Tu croyois, en aimant Colette, &c.*

C'EST Dieu qui defcend fur la Terre,
Non, tel qu'il y vint autrefois,
Au bruit horrible du Tonnerre,
Au peuple Hébreu donner des Loix.

Non, fous la figure terrible
D'un Chérubin étincelant,
Et tel qu'il fe rendit fenfible
Aux yeux d'un Prophete tremblant.

C'eft le même Dieu qui gouverne
Et qui créa tout l'Univers ;
Dont l'œil perçant voit & difcerne
Tout, même jufqu'au fond des Mers.

Sous le faint voile du Myftere,
Par un excès de fa bonté,
Il fe donne à nous, il modere
L'éclat de fa divinité.

Quelle race prédeftinée,
Dans aucun tems, dans aucun lieu,
Fut jamais affez fortunée
Pour jouir ainfi de fon Dieu ?

Victime digne de fon pere,
Le Fils de Dieu meurt fur la Croix ;
Et dans notre augufte Myftere,
Il s'offre une feconde fois.

C'eſt pour nous qu'il ſe ſacrifie
Par un excès de charité ;
Et ſa mort nous donne la vie,
Que dis-je ? l'immortalité.

☙

Tout-à-la-fois victime & Prêtre
D'un Sacrifice non-ſanglant,
Tous les jours il daigne renaître
Sur nos Autels, en s'immolant.

☙

Dieu puiſſant ! Dieu vengeur du crime !
Déſarme ta ſévérité ;
Le ſang d'une telle victime
N'a-t-il donc pas tout racheté ?

☙

Il nous invite, il nous engage
A ce délicieux feſtin ;
Son propre ſang eſt un breuvage,
Et ſon corps adorable un pain.

☙

Loin, tout prophane, tout impie....
Audacieux, n'entends-tu pas
Cette voix tonnante qui crie,
Et te menace du trépas ?

☙

Mais quelle crainte impardonnable,
Fideles, quelle aveugle erreur
Vous éloigne de cette table,
Source de vie & de bonheur ?

☙

Quels travaux & quelle victoire
Ne tente pas un foible humain,
Qui plein de foi, reſſent la gloire
De porter ſon Dieu dans ſon ſein !

☙

Vous lui dûtes votre courage,
Vous qui dans des tems orageux,
Des fiers Tyrans braviez la rage,
Et les tourmens les plus affreux.

Vous, qui pleins d'une sainte ivresse,
Ne respiriez que les combats,
Et cherchiez avec allégresse
Le fer, la flamme & le trépas.

Allons nous-mêmes sur leurs traces,
Nous asseoir au sacré festin,
Nous y remplir des dons, des graces
Et des feux de l'amour divin.

L'OFFERTOIRE DE LA MESSE.

Sur l'AIR : *On dit que l'Amour me guette, &c.*

REGARDEZ d'un œil propice,
O Dieu de majesté !
Les saints apprêts du Sacrifice
Qui vous est présenté.
Qu'à vous seul en soit l'honneur ;
Qu'il nous comble de bonheur :
Qu'il vous rende un digne hommage ;
Qu'il lave nos forfaits,
Et nous devienne un tendre gage
De vos nouveaux bienfaits.

A nos vœux venez vous rendre,
O Fils de l'Eternel !
Du haut des Cieux, venez descendre
Pour nous sur cet Autel.

Nous

Nous ne fommes rien de nous,
Mais nous fommes tout par vous.
Pour nous épargner l'abîme,
Vous daignâtes mourir ;
Daignez encor vous faire victime,
Et pour nous, vous offrir.

Jefus vient, que tout fléchiffe
Devant lui les genoux ;
Que le faint Temple retentiffe
De nos chants les plus doux.
Elevons vers lui nos cœurs ;
Ouvrons-les à fes faveurs :
Il defcend, l'amour le preffe ;
Par un jufte retour,
Offrons nous-mêmes à fa tendreffe
Un cœur rempli d'amour.

A L'ÉLÉVATION DE LA SAINTE HOSTIE, ET A LA BÉNÉDICTION DU SAINT SACREMENT.

Sur l'AIR : *Dieu des ames ! quand tes flammes, &c.*

O VICTIME   De tout crime !
O Jefus, Sauveur de tous !
Qui fans ceffe,   Par tendreffe,
Daignez être parmi nous ;
Qu'on vous aime   Dans vous-même ;
Qu'à jamais tout les mortels,
Et s'empreffent,   Et s'abaiffent
Autour de vos faints Autels.

* G

Chœurs des Anges,   Nos louanges
     Sont trop peu pour ses bienfaits ;
Dans nos ames,   De vos flammes
     Allumez les plus doux traits.
Que sa gioire,   Sa mémoire,
     Son amour dans tous les tems,
D'un hommage,   Sans partage,
     Reçoive en tous lieux l'encens !

LE RESPECT DU AU SAINT SACRIFICE DE LA MESSE.

Sur un Air nouveau.

TREMBLEZ, mortels, tremblez devant le Dieu
jaloux ;
Cet auguste mystere   Annonce sa présence ;
Il vous voit, vous en-
tend....   Profanes, à genoux,
     Profanes, taisez-vous ;
     Ou si vous rompez le silence,
Par une humble priere,   Appaisez son courroux.

POUR LE JOUR DE LA FÊTE DU SACRÉ CŒUR.

PRIERE *AU SACRÉ CŒUR DE JESUS.*

Sur l'Air : *Dans nos champs, &c.*

O Doux cœur   Du Sauveur !
Dans nos ames,   De vos flammes,
O doux cœur   Du Sauveur,
     Nourrissez la sainte ardeur.   FIN.
     O doux, &c.

Qu'en nous votre amour confume
Tous ces terreſtres deſirs,
Que l'amour profane allume
Sous le charme des plaiſirs.
    Qu'à nous
  Il ne ſoit doux
Que d'être embraſé par vous!

  O doux, &c.

    Qu'en nous tout n'inſpire
    Que vos ſentimens;
    Que tout y reſpire
    Par vos mouvemens!
    Que nos cœurs, nos ſens,
Tout à vous aimer conſpire!

  O doux, &c.

    De jour en jour
Qu'en nous croiſſe votre amour;
Qu'il s'étende ſans meſure,
Qu'il marque tous nos inſtans;
Que de l'ardeur la plus pure
Naiſſent nos tranſports conſtans.
Que ni l'eſpoir, ni la crainte,
Ni le monde & ſes appas,
Ni la mort à nos yeux peinte,
Ne le rallentiſſent pas!

  O doux, &c.

Qu'à vous, près de nous unir,
Notre dernier ſouffle de vie,
Et notre dernier deſir,
Du pur amour ſoit un ſoupir!

Et que dans notre Patrie,
Enflammé par vos doux traits,

Notre cœur soit à jamais
Enivré de vos attraits !

Qu'à vous, près de nous unir,
Notre dernier souffle de vie,
Et notre dernier desir,
Du pur amour soit un soupir !

O doux, &c.

POUR LE JOUR DE LA DÉDICACE,

CONTRE LES IRRÉVÉRENCES DANS L'EGLISE.

Sur l'AIR : *C'est dans ce doux climat, &c.*

L'IMPIE profane vos Temples,
Levez-vous, bras de l'Eternel,
Frappez... que d'illustres exemples
Epouvantent le criminel.
La Synagogue pécheresse
A vu votre main vengeresse
Châtier ses profanateurs :
Pour qui réservez-vous la foudre,
Si vous ne réduisez en poudre
Leurs coupables imitateurs ?

Quoi ! l'homme, ô forfait déplorable !
L'homme à Dieu manque de respect
Dans ce Tabernacle adorable,
Où l'Ange tremble à son aspect ?
Il y porte un esprit immonde,
Tandis que chez les Rois du monde,
Sans crainte, il n'ose pénétrer !
Et bravant la toute-puissance,

Sous l'étendart de l'indécence,
Au Temple il ne craint point d'entrer!

✤

Dans ce Temple, dépositaire
Non de l'Arche que les Hébreux
Eprouverent si salutaire
Dans un siecle plus ténébreux;
Mais du corps de Jesus-Christ même,
Du corps de cet Etre suprême,
Qui des Enfers nous rend vainqueurs;
Sublime don, grace indicible!
Que la foi nous rendroit sensible,
Si la foi vivoit dans nos cœurs.

✤

Quel objet vient frapper ma vue?
Quelle femme s'offre à mes yeux?
Les attraits dont elle est pourvue
Soufflent un air contagieux;
L'art a secondé la nature:
Est-ce ainsi que la créature
Doit honorer son Créateur?
Suis-je chez un peuple idolâtre?
Le temple est-il donc un théâtre
Où brille un faste séducteur!....

✤

Chrétien! si ton ame est éprise
Des feux d'une infidele ardeur;
Si ton cœur ignore ou méprise
Un pere, un Dieu plein de grandeur;
Si son nom cher & redoutable,
Dont la puissance inévitable
Pénetre jusque dans l'Enfer;
Si ce nom qui brave l'outrage
Des Démons écumans de rage,
N'amollit point ton cœur de fer:

✤

G üj

Regarde au moins, ingrat, regarde
Les gages d'un bien précieux,
Rassemblés ici sous la garde
Des Anges cachés à nos yeux :
Lis dans ces adorables signes
La preuve des bienfaits insignes
Que t'a prodigués ton Sauveur.
Quoi, cette Croix & ce Calice,
Quoi, d'un Dieu même le supplice
Ne ranime point ta ferveur ?

Cette Croix, ornement funebre
De Jesus expirant pour toi,
Signe que l'esprit de ténebre
N'envisage qu'avec effroi ;
Ce Calice plein d'amertume,
Qu'un Dieu que son amour consume,
A vuidé pour nous sauver tous :
De ses promesses authentiques
Les témoignages prophétiques,
Ingrats, ne peuvent rien sur vous ?

O toi donc qui nous scandalises,
Mondain, qu'augurer de ta foi ?
Où la chercher si nos Eglises
Ne la font point briller en toi ?
J'entends... pour se faire connoître,
L'Eternel ici doit paroître
Comme il parut sur le Thabor !....
Ah ! quand Dieu visite la Terre,
Est-ce donc un coup de tonnere
Qui doit signaler son abord ?

Pour le nom chrétien, quelle honte !
Hâtons-nous de l'en affranchir ;

Dieu, quand la pénitence est prompte,
Est prompt à se laisser fléchir :
Mais plus tard, que devient l'Impie ?
Comme Antiochus, il expie
Du Temple saint le déshonneur :
Il tombe.... Et c'est en vain qu'il jure
De réparer alors l'injure
Faite à la maison du Seigneur.

L'ASSOMPTION DE LA SAINTE VIERGE,

PATRONE DE LA PAROISSE.

Hymne tirée de Santeuil.

Sur un Air nouveau.

TELLE que nous voyons la renaissante aurore
Annoncer du Soleil l'agréable retour ;
Telle nous te voyons, mais plus brillante encore,
O Vierge, dans la nuit, nous ramener le jour.

La Lune sous tes pieds fournissant sa carriere,
Voit mourir près de toi ses rayons les plus beaux,
Ton corps est revêtu d'une vive lumiere,
Et ton Chef couronné de douze Astres nouveaux.

Tandis que vers les Cieux, tu montes triomphante,
Les Esprits bienheureux pour te faire leur cour,
Environnent ton char d'une troupe éclatante,
Et quittent pour un tems le céleste séjour.

Habitant ces hauts lieux de gloire couronnée,
Fais descendre sur nous les dons de ton amour :

Au Ciel reconnoiſſant la Terre t'a donnée,
Que ne doit point le Ciel lui donner à ſon tour ?

Dans les raviſſemens dont ton ame eſt ſaiſie,
Souviens-toi du Pécheur,.. le Pécheur eſt ton ſang.
Ce ſang dont nous ſortons, eſt le même, ô Marie,
Dont le Maître du Ciel a pris chair dans ton flanc.

Gloire au Pere Eternel, qui d'une Vierge mere,
A fait pour nous ſauver, naître un Fils ſon égal :
Gloire à ce même Fils, né dans le tems ſans pere :
Gloire à l'Eſprit fécond dans le ſein virginal.

TRIOMPHE DE LA SAINTE VIERGE.

Sur l'AIR : *Que le Zéphir, &c.*

QU'ON eſt heureux   Sous votre empire,
Reine des Cieux !   Qu'on eſt heureux
Sous votre empire,   Reine des Cieux ! FIN.

Tout vous admire,
Tout ſemble vous dire
Qu'on eſt heureux
Sous votre empire.   Qu'on, &c.

Pour vous que tout ſoupire,
Pour vous que tout reſpire,
Et que chacun à l'envi conſpire
A vous offrir ſes vœux.   Qu'on, &c.

Tout ce que notre cœur deſire,
C'eſt de nous joindre aux Eſprits bienheureux,
Et de chanter, & de chanter à jamais avec eux :

Qu'on eſt heureux, &c.

A vos douceurs Tout doit se rendre,
Reine des cœurs! A vos douceurs
Tout doit se rendre, Reine des cœurs! Fin.

C'est trop attendre,
C'est trop se défendre :
A vos douceurs
Tout doit se rendre. A vos, &c.

Quels biens votre amour tendre,
Sur nous daigne répandre !
Par son secours nous pouvons prétendre
Aux célestes faveurs. A vos, &c.

Nos ennemis pour nous surprendre,
Ont beau s'armer des traits les plus vainqueurs,
Vous triomphez, vous triomphez de leurs vaines
fureurs.

A vos douceurs, &c.

HOMMAGE A LA SAINTE VIERGE.

Sur l'Air : *Ce que je dis est la vérité même, &c.*

Reine des Cieux, de notre tendre hommage
Nous vous offrons le double encens ;
Que votre nom soit chanté d'âge en âge,
Qu'il soit toujours l'objet de nos accens. Fin.

Si le Ciel l'admire en silence,
Comment oser célébrer sa grandeur ?
Gémissons sur notre impuissance,
Et ne suivons que notre cœur.

Reine, &c.

G v

De l'homme, hélas ! le crime eſt le partage,
　Il naît coupable & corrompu :
Dieu la ſauva de ce triſte naufrage,
Rien n'altéra l'éclat de ſa vertu.　　　　FIN.

　　Tel le lys eſt dans nos prairies,
Rien ne ternit ſa brillante couleur,
　　Entouré de tiges flétries
　　Il ne perd point de ſa blancheur.

　　De, &c.

L'appas trompeur & ſéduiſant des vices
　　Ne pervertit jamais ſon cœur ;
Plaire à ſon Dieu, fit toujours ſes délices,
Vivre pour lui, fit toujours ſon bonheur.　FIN.

　　Son aimable & pure innocence,
Et ſes vertus vont recevoir leur prix....
　　Le jour vient, le moment s'avance....
　　Le fils d'un Dieu devient ſon fils.

　　L'appas, &c.

O Vierge ſainte ! auguſte protectrice,
　　Que votre amour veille ſur nous !
D'un Dieu ſévere appáiſez la juſtice,
Et ſuſpendez l'effet de ſon courroux.　　FIN.

　　Inſenſible à notre triſteſſe,
Si des mortels vous dédaignez les vœux,
　　Rappellez à votre tendreſſe
　　Que votre fils mourut pour eux.

　　O Vierge, &c.

Soutenez-nous au milieu des alarmes,
　　Secourez-nous dans nos malheurs ;

Vous plairiez-vous à voir couler nos larmes ?
Vous êtes mere, & nous verfons des pleurs ! FIN.

Ah ! fongez que notre mifere
Devint pour vous la fource des grandeurs :
   D'un Sauveur feriez-vous la mere,
Si nous n'euffions été pécheurs ?

   Soutenez-nous, &c.

CONSÉCRATION A LA SAINTE VIERGE.

Sur l'AIR : *Des folies d'Efpagne, &c.*

MERE de Dieu, du monde fouveraine,
Vous qui voyez à vos pieds tous les Rois,
Je vous choifis aujourd'hui pour ma Reine,
Et me foumets pour toujours à vos loix.

Je mets ma gloire à vous marquer mon zele,
A vous aimer, à vous faire fervir :
Ah ! fi mon cœur vous doit être infidele,
Dès cet inflant, grand Dieu ! fais-moi mourir.

Que contre moi, l'Enfer entre en furie,
Sous votre nom, on m'en verra vainqueur :
Un ferviteur, un enfant de Marie,
Peut-il périr ? peut-il mourir pécheur ?

A L'HONNEUR DU SAINT NOM DE MARIE.

Sur l'AIR : *De tout un peu, &c.*

DANS nos concerts,
Bénissons le nom de Marie ;
Dans nos concerts,
Consacrons-lui nos chants divers.

Que tout l'annonce & le publie,
Et que jamais on ne l'oublie
Dans nos concerts.

Qu'un nom si doux
Est consolant ! qu'il est aimable,
Qu'un nom si doux
Doit avoir de charmes pour nous !

Après Jesus, nom adorable,
Fut-il rien de plus agréable
Qu'un nom si doux ?

Ce nom sacré
Est digne de tout notre hommage,
Ce nom sacré
Doit être par-tout honoré.

Qu'il puisse toujours d'âge en âge,
Etre révéré davantage
Ce nom sacré !

Nom glorieux !
Que tout respecte ta puissance,
Nom glorieux !
Et sur la Terre & dans les Cieux

De Dieu tu calmes la vengeance,
Tu nous affures fa clémence,
Nom glorieux !

Par ton fecours !
L'Ame à fon Dieu toujours fidelle,
Par ton fecours
Dans la vertu coule fes jours.

Sa ferveur, fon amour, fon zele,
Se nourrit & fe renouvelle
Par ton fecours.

PARAPHRASE DU *SALVE REGINA*.

Sur l'AIR : *Reviens, Pécheur, &c.*

JE vous falue, augufte & fainte Reine,
Dont la beauté ravit les immortels !
Mere de grace, aimable fouveraine,
Je me profterne au pied de vos Autels.

Je vous falue, ô divine Marie !
Vous méritez l'hommage de nos cœurs ;
Après Jefus, vous êtes, & la vie,
Et le réfuge, & l'efpoir des Pécheurs.

Fils malheureux d'une coupable mere,
Bannis du Ciel, les yeux baignés de pleurs,
Nous vous faifons de ce lieu de mifere,
Par nos foupirs, entendre nos douleurs.

Ecoutez-nous, puiffante protectrice !
Jettez fur nous des yeux compatiffans ;

Et montrez-nous, qu'à nos malheurs propice,
Du haut des Cieux, vous aimez vos enfans.

☙.

O douce ! ô tendre ! ô pieuse Marie !
Vous dont Jesus, mon Dieu, reçut le jour ;
Faites qu'après l'exil de cette vie,
Nous le voyions dans l'éternel séjour !

PRIERE AU SAINT PATRON.

Sur l'Air : *Je vais te voir, charmante Lise,* &c.

O Toi qui dès ma tendre enfance,
Daignas être mon protecteur ;
Grand Saint ! fais que ton innocence
A jamais regne dans mon cœur !　　　Fin.

Fais qu'au Seigneur toujours fidele
A l'ombre de ton divin nom,
Je te prenne autant pour modele
Que j'aime à t'avoir pour Patron.

O toi, &c.

PRIERE AU SAINT ANGE GARDIEN.

Sur l'Air : *De tout un peu,* &c.

Ange de Dieu !
Ministre de sa Providence,
Ange de Dieu !
Qui daignez me suivre en tout lieu,

A l'ombre de votre présence
Garantissez mon innocence,
Ange de Dieu !

☙

Dans cet exil
Soyez fenfible à ma mifere,
Dans cet exil
Sauvez mes jours de tout péril.

Soyez ma force & ma lumiere,
Mon Maître, mon ami, mon pere,
Dans cet exil.

A L'HONNEUR DE S. VINCENT DE PAUL, INSTITUTEUR DE LA CONGRÉGATION DE LA MISSION ET DES FILLES DE LA CHARITÉ; FÊTE SOLEMNELLE DANS LA PAROISSE.

Sur l'AIR: *Ah ! Seigneur, que votre juftice, &c.*

CHANTONS par de nouveaux Cantiques,
D'un nouveau Saint la charité ;
Chantons fes vertus héroïques,
Son admirable fainteté.
Que de Vincent de Paul la gloire
Retentiffe au loin dans les airs ;
Que l'on révere fa mémoire
A jamais dans tout l'Univers.

L'amour divin dès fa jeuneffe
Commence à brûler dans fon cœur,
Plein de ce feu, Vincent s'empreffe
De fe confacrer au Seigneur.
Un jour l'on verra de fon zele
Les plus falutaires effets ;
Et le Chrétien & l'infidele
Pourront en raconter les traits.

Appellé par la Providence,
D'un peuple il devient le Pasteur :
Quelle est pour lui sa vigilance !
Quel plus fidele conducteur !
Tout prend une nouvelle face ;
Le peuple ignorant est instruit,
Le Pécheur recouvre la grace ;
Vincent procure un si grand fruit.

Mais à la ferveur de son zele,
Un nouveau champ vient de s'ouvrir ;
Il sent une douleur mortelle
Pour tant d'ames qu'il voit périr.
Pour les éloigner de l'abîme,
Par de saintes instructions,
Pour inspirer l'horreur du crime,
Il entreprend des missions.

Quelle nouvelle Compagnie
Sous Vincent vois-je se former ?
Du même esprit elle est remplie ;
Quel zele va donc l'enflammer ?
Pauvres peuples de la campagne,
Voici pour vous un grand secours ;
Ah ! quel fruit par-tout accompagne
Et leurs exemples & leurs discours !

Le Saint veut former pour l'Eglise
Des Pasteurs pleins de piété ;
Pour une si sainte entreprise
Le Ciel même l'a suscité.
Par ses soins, le Prêtre s'applique
Aux grands devoirs de son état ;
Bientôt l'Ordre ecclésiastique
Va briller d'un nouvel éclat.

La gloire du souverain Maître
Est de Vincent l'unique loi;
Il cherche à le faire connoître
Aux peuples privés de la foi.
Il envoie au peuple Idolâtre
Des Ouvriers pleins de ferveur;
Dans d'autres lieux il fait combattre
Les artifices de l'erreur.

Mais qui peut dire sa tendresse
Pour le pauvre & pour l'orphelin ?
En tout pour eux il s'intéresse;
Dans leurs maux il leur tend la main.
Si l'on gémit dans la disgrace,
C'est à Vincent qu'on a recours;
Il n'est rien que Vincent ne fasse,
A tous il donne un prompt secours.

Vous qui vous faites les servantes
Des pauvres dans l'infirmité,
Saintes filles toujours ardentes
A pratiquer la charité,
La jeunesse encor vous est chere,
Par vous elle craint le Seigneur;
C'est Vincent, votre digne pere,
Qui vous inspira cette ardeur.

O quel esprit de foi l'anime !
Quel mépris pour les biens présens !
Non, il ne souhaite, il n'estime
Que les biens vrais & permanens !
Ces saints desirs, il les inspire
A ceux qui sont près du trépas :
Et c'est lui qu'un grand Roi desire
Pour expirer entre ses bras.

Admirons sa douceur extrême,
Et sa profonde humilité ;
Quel plus grand oubli de soi-même !
Quelle aimable simplicité !
Dans les Croix il passe sa vie,
Pour son corps il n'a que rigueurs,
Son ame à Dieu toujours unie,
Met à l'aimer tout son bonheur.

Grand Saint , l'ornement de la France,
La gloire de ces derniers tems,
Au trône du Dieu de clémence,
Offrez pour nous des vœux ardens ;
Que vos prieres nous attirent
Les doux effets de sa bonté ;
Que nos cœurs jamais ne respirent
Que charité , qu'humilité !

Fin de la seconde Partie.

CANTIQUES
SPIRITUELS.

TROISIEME PARTIE.

Pour la Retraite qui se fait avant la premiere Communion.

LES AVANTAGES DE LA RETRAITE.

Sur l'Air : *Ce n'est jamais qu'à vous plaire, &c.*

CE n'est que dans la Retraite
Qu'on jouit des vrais plaisirs ;
Sans dangers & sans desirs,
L'ame est libre & satisfaite ;
Heureux celui dont le cœur
Y trouve en Dieu son bonheur.   Fin,

La vertu douce & tranquille
Fuit le faste & la splendeur ;
L'innocence & la candeur
N'habitent que cet asyle.

Heureux , &c.

DESIR DE FAIRE LA RETRAITE.

Sur l'AIR : *Jardins que la Nature, &c.*

Fuyez loin de mes yeux, fuyez, & pour jamais ;
    Faux biens, gloire, plaisir volage,
Dont le monde avec bruit étale les attraits !
    Vains objets, vous flattez mon âge ;
Mais vous ne donnez pas l'innocence & la paix.

Séjour de sainteté ; séjour du vrai bonheur,
    Retraite innocente & tranquille,
Que tu plais à mes vœux, que tu charmes mon cœur !
    Doux repos, favorable asyle,
Que je me vois heureux de goûter ta douceur !

Tu montres à nos yeux le jour, la vérité ;
    Tu sais tracer l'horreur du crime,
De l'aimable vertu dépeindre la beauté ;
    Tu nous fais éviter l'abîme,
Et tu guides nos pas vers la sainte Cité.

Un jour seul dans ton sein vaut mieux que mille
    iours ;
    D'un feu divin tu nous enflammes ;
Tu détruis dans nos cœurs les profanes amours,
    Dieu puissant, prépare nos ames
A recueillir les fruits d'un si rare secours.

PRIERE

POUR INVOQUER LES LUMIERES DU SAINT-ESPRIT PENDANT LA RETRAITE.

Sur l'Air : *De la mufette d'Ajax, &c.*

Esprit-Saint, comblez nos vœux,
   Embrafez nos ames
   Des plus vives flammes ;
Efprit-Saint comblez nos vœux,
   Embrafez nos ames
   De vos plus doux feux.   Fin.

Seul auteur de tous les dons,
De vous feul nous attendons
   Tout notre fecours
    Dans ces faints jours.

   Efprit-Saint, &c.

Sans vous, en vain, du don des Cieux,
   Les rayons précieux
    Brillent à nos yeux ;
   Sans vous, notre cœur
    N'eft que froideur.   Efprit, &c.

   Efprit-Saint, &c.

Voyez notre aveuglement,
Nos maux, notre égarement.
   Rendez-nous à vous,
    Et changez-nous.   Efprit, &c.

Sur nos efprits, Dieu de bonté,
   Répandez la clarté

Et la vérité.
Préparez nos cœurs
A vos faveurs.   Efprit, &c.

Efprit-Saint, &c.
Donnez-nous ces purs defirs,
Ces pleurs faints, ces vrais foupirs,
Qui des grands Pécheurs
Changent les cœurs.   Efprit, &c.

Donnez-nous la docilité,
Le don de pureté
Et de piété,
L'efprit de candeur
Et de douceur.   Efprit, &c.

Efprit-Saint, &c.
Réchauffez notre tiédeur ;
Embrafez notre ferveur ;
Raffurez nos pas
Dans nos combats.   Efprit, &c.

Sanctifiez nos jours naiffans,
Et nos jours floriffans,
Et nos derniers ans :
Que tous nos inftans
Soient innocens.   Efprit, &c.

LA NÉCESSITÉ DU SALUT.

Sur l'AIR : *Des folies d'Efpagne, &c.*

FUT-IL jamais erreur plus déplorable ?
Nous defirons les faux biens d'ici bas,
Et le falut, le feul bien véritable,
Hélas ! nos cœurs ne le defirent pas.

Sommes-nous faits pour des biens si fragiles
Qu'on voit passer ainsi qu'une vapeur ?
Et qui pour nous, en maux sont si fertiles :
Ah ! de tels biens, font ils le vrai bonheur ?

Un Dieu, pour nous, souffre une mort hon-
    teuse :
Qu'une ame est donc d'une grande valeur !
Et pour un rien cette ame précieuse,
Nous l'exposons à l'éternel malheur.

Perdre son ame, ô perte inestimable !
Quel bien pourroit nous en dédommager ?
De tous les maux, c'est le seul redoutable :
Tout autre mal n'est qu'un mal passager.

En vain, placés au sein de l'abondance,
Nous jouissons du bonheur le plus doux ;
Gloire, plaisirs, emplois, biens, opulence,
Sans le salut, tout est perdu pour nous.

Y pensons-nous, insensés que nous sommes ?
Nous ne courons qu'après la vanité ;
Dieu Tout-Puissant ! quand verra-t-on les
    hommes
Plus occupés de leur éternité ?

Oui, désormais, les maux les plus sensibles,
La pauvreté, les peines, les mépris
Ne doivent plus nous paroître terribles ;
Sauvons notre ame, & nos maux sont finis.

LA MORT.

Sur l'AIR : *Bénissez le Seigneur supréme, &c.*

LA Mort toujours peut nous surprendre :
On peut mourir même en naissant ;
On n'est point sûr d'un seul instant,
Tout sert à nous l'apprendre.

L'instant où j'ouvre la paupiere,
Peut me compter parmi les morts ;
La premiere heure où je m'endors,
Peut être ma derniere.

O Mort, moment inévitable,
D'où mon sort éternel dépend ;
Qu'il est terrible ce moment,
Pour qui se sent coupable !

Mais la mort n'est point effrayante
Pour qui toujours fut innocent !
Le Pécheur même, pénitent,
La trouve consolante.

O que l'homme est peu raisonnable !
Que le Pécheur est imprudent !
Pouvoir mourir à tout instant,
Toujours vivre coupable !

Mourrai-je saint, mourrai-je impie ?
Dieu m'a caché mon dernier sort ;
Ce qu'il a dit, c'est que ma mort
Seroit comme ma vie.

O

O mon Dieu ! faites à toute heure
Que je songe à mon dernier jour ;
Et que vivant dans votre amour,
  Dans votre amour je meure.

LES SURPRISES DE LA MORT.

Sur l'Air : *C'est le moulin d'une, &c.*

O Vous, dont la jeunesse aimable
A l'éclat d'une belle fleur :
Songez que la Mort implacable
Moissonne tout dans sa fureur.

Tel comptant sur sa longue vie,
Du présent, se laisse enchanter ;
La Mort qui rit de sa folie,
Lui vient apprendre à décompter.

Un homme vain forme sans cesse
Pour l'honneur, des vœux insensés ;
Au dépourvu, la Mort le presse,
Ses beaux projets sont renversés.

Cet Avare avec soin amasse
Des trésors pour ses derniers ans ;
Mais c'est en vain qu'il les entasse,
La Mort le frappe avant le tems.

Celui-ci plongé dans les vices,
Enivré de honteux appas,
Même au milieu de ses délices,
Trouve le plus affreux trépas.

H *

L'autre étale avec assurance
Le faux honneur dont il jouit ;
Mais à grands pas la Mort s'avance,
Et son bonheur s'évanouit.

❧

Ce vainqueur, ce terrible foudre,
Va par-tout répandre l'effroi ;
Il est demain réduit en poudre ;
Et la Mort le tient sous sa loi.

❧

Tel qui commence sa carriere,
Tout-à-coup se voit défaillir ;...
Avec lui tombe dans la bière
La vaine attente de vieillir.

❧

Contre nous la Mort toujours prête ,
Tient son glaive en l'air suspendu :
Quel triste sort, quand sur la téte
Il tombe sans être attendu !

❧

Contre sa soudaine surprise ,
Vivre en garde est votre recours :
Loin de la craindre, on la méprise ,
Quand on s'y prépare toujours.

LA MORT DU JUSTE.

Sur l'AIR : *Qu'à l'ombre de cette verdure , &c.*

QU'IL meure ce corps misérable ,
Ce honteux fardeau qui m'accable ;
Digne victime de la mort,
Qu'il soit dévoré par la tombe ,

Qu'on l'y defcende, & qu'il retombe
Dans la poufliere dont il fort.

᙭

O Mort ! que l'on nomme cruelle,
Viens frapper ce corps trop rebelle,
Viens mettre un terme à mon tourment.
Quand, par un moment de fouffrance,
On acheta fa délivrance,
L'acheta-t-on trop chérement ?

᙭

A tous ces mortels méprifables,
Enivrés des biens périffibles,
Imprime une jufte terreur :
Tu les appauvris, qu'ils t'abhorrent,
Tu leur ravis ce qu'ils adorent :
C'eft pour eux que tu n'es qu'horreur.

᙭

Ah ! que fauffement courageufe,
L'ame doit fe voir bien affreufe,
Quand le néant eft fon efpoir !
Hélas ! n'avoir rien à prétendre,
Point de bonheur qu'on puiffe attendre,
Point de fecours qu'on puiffe avoir !

᙭

La foi donne le vrai courage ;
Pour qui la vie eft un voyage,
Le terme n'eft point un malheur :
A quelques tréfors qu'on l'arrache,
Ce qu'il pofféda fans attache,
Il l'abandonne fans douleur.

᙭

Son cœur à regret en foupire ;
Et contre un coup qui le déchire,
Nature ! tu défends tes droits :

H ij

Mais lui, dans ſa foi ferme & vive,
Laiſſe ta voix envain plaintive,
Parler pour la derniere fois.

O ! puiſque c'eſt la deſtinée
De notre race infortunée,
Et de ſouffrir, & de mourir :
O Ciel ! viens borner ma carriere ;
Que bientôt mon heure derniere
M'épargne le tems de ſouffrir !

S'il faut que j'attende cette heure,
S'il faut encor que je demeure,
J'accepte mes jours & mes maux :
Pour prix de mon obéiſſance,
Qu'une mort pleine d'eſpérance
Rompe le cours de mes travaux.

O toi ! qui ſauvant le coupable,
Du haut de ta Croix adorable,
Ouvris les bras à l'Univers,
Fais, quand ta divine juſtice
Ordonnera mon ſacrifice,
Fais que ces bras me ſoient ouverts.

LA MORT DU PÉCHEUR,

OU LE PÉCHEUR MOURANT.

Sur l'AIR : *En croyant me tromper, &c.*

QUE je te plains, Pécheur, en ton heure derniere !
Tous les maux à la fois ſont raſſemblés ſur toi :
Le noir Enfer, ſéjour rempli d'effroi,
T'attend au bout de ta carriere.

Où font tant de beaux jours que tu donnois au crime ?
Il ne t'en refte, hélas ! qu'un trifte fouvenir ;
Et fous tes yeux, d'un affreux avenir,
Tu vois ouvrir le noir abîme.

Que fert en ce moment l'amas de tes richeffes ?
Pour toi leur vain fecours n'eft plus rien aujourd'hui ;
N'efpere point par un fi foible appui,
Dompter les flammes vengereffes.

Où font ces faux plaifirs, cette ombre de délices,
Ecueil pernicieux de ton coupable cœur ?
Infortuné, leur perfide douceur
Se change en d'éternels fupplices.

Ce corps aimé, flatté, nourri dans la molleffe,
Va n'être plus bientôt qu'un fpectacle d'horreur :
Ton ame, hélas ! en fit pour fon malheur
L'indigne objet de fa tendreffe.

Le fafte des grandeurs pour toi va difparoître,
Ce n'eft qu'une vapeur qui fuit devant tes yeux ;
Dieu, tôt ou tard abat l'audacieux,
Tout tombe aux pieds d'un fi grand Maître.

Tu perdis mille fois ton Dieu, ton bien fuprême,
Pour ces objets trompeurs dont tu fus enchanté ;
Funefte fruit de ton iniquité,
Tu t'es enfin perdu toi-même.

H iij

LE JUGEMENT DERNIER.

Sur l'AIR : *Partez puisque Mars vous l'ordonne.*

DIEU va déployer sa puissance :
Le tems comme un songe s'enfuit :
Les siecles sont passés ; l'Eternité commence,
Le monde va rentrer dans l'horreur de la nuit.

    Dieu va, &c.

J'entends la trompette effrayante :
Quel bruit ! quels lugubres éclairs !
Le Seigneur a lancé sa foudre étincelante,
Et ses feux dévorans embrasent l'Univers.

    J'entends, &c.

Les Monts foudroyés se renversent ;
Les étres sont tous confondus :
La Mer ouvre son sein : les ondes se dispersent :
Tout est dans le chaos, & la Terre n'est plus.

    Les Monts, &c.

Sortez des tombeaux, ô poussiere !
Dépouille des pâles humains !
Le Seigneur vous appelle ; il vous rend la lumiere ;
Il va sonder les cœurs, & fixer vos destins.

    Sortez, &c.

Il vient.... tout est dans le silence,
Sa Croix porte au loin la terreur :

Le Pécheur consterné frémit à sa présence,
Et le Juste lui-même est saisi de frayeur.

    Il vient, &c.

Assis sur un trône de gloire,
    Il dit, venez, ô mes Elus !
Comme moi, vous avez remporté la victoire,
Recevez de mes mains le prix de vos vertus.

    Assis sur, &c.

Tombez dans le sein des abîmes,
    Tombez, Pécheurs audacieux :
De mon juste courroux, immortelles victimes,
Vils suppôts des Démons, vous brûlerez comme eux.

    Tombez, &c.

Vous n'êtes plus, vaines chimères,
    Objets d'un sacrilége amour !
Fléau du genre humain, oppresseurs de vos freres,
Héros tant célébrés, qu'êtes-vous dans ce jour ?

    Vous, &c.

Triste éternité de supplices,
    Tu vas donc commencer ton cours :
De l'heureuse Sion ineffables délices,
Bonheur, gloire des Saints, vous durerez toujours.

    Triste éternité, &c.

Grand Dieu ! qui sera la victime
De ton implacable fureur ?

H iv

Quel noir preffentiment me tourmente & m'op-
      prime !
La crainte & les remords me déchirent le cœur.
    Grand, &c.

De tes jugemens, Dieu févere !
Pourrai-je fubir les rigueurs ?
J'ai péché ;.... mais ton fang défarme ta colere,
J'ai péché ;... mais mon crime eft éteint dans mes
    pleurs.
    De tes, &c.

SENTIMENS D'UNE AME RÉPROUVÉE AU MOMENT DE SA CONDAMNATION.

(PARODIE.)

LE défefpoir & la rage cruelle
Vengent le Dieu puiffant dont j'ai bravé l'amour ;
Tout efpoir en mon Dieu m'eft ôté fans retour :
Et je fuis condamné à la mort éternelle....
    O fort cruel ! fort affreux !
      Je vais porter,
Je vais porter les plus pefantes chaînes,
    J'aurai le defir d'être heureux,
      Et je n'attendrai plus,
Et je n'attendrai plus que tourments & que peines.
    Lieu funefte où tout refpire
      La honte & la douleur,
Du défefpoir fombre & fatal empire,
    L'horreur que ton afpect infpire
Eft le moindre des maux qui déchirent mon cœur :
    L'horreur que ton afpect infpire
Eft le moindre des maux qui déchirent mon cœur.
                FIN.

Mon Dieu, mon Créateur, le Ciel son héritage,
Sont les biens que je perds, quel fruit de ses travaux !
Le Ciel, des Bienheureux devient le doux partage,
Tandis que de l'Enfer, un peu plus de courage
    M'auroit fait éviter les maux.

    Lieu funeste, &c.

L'ENFER.

Sur un Air nouveau.

ANTRE profond, gouffre horrible,
Où dans des feux éternels,
Sous la main d'un Dieu terrible,
Brûle un tas de criminels :
Enfer, que ta foi m'atteste,
Séjour où l'ire céleste
Exerce un juste pouvoir ;
Ma raison qui te médite,
D'effroi glacée, interdite,
Te croit sans te concevoir.

✿

    Pécheur, la fiévre t'annonce
L'instant fatal du trépas ;
Ta Sentence se prononce,
L'Enfer s'ouvre sous tes pas.
Tombe, coupable victime,
Dans ce ténébreux abîme,
Centre affreux de la douleur.
Artisan de ton supplice,
N'accuse que ta malice,
De l'excès de ton malheur.

✿

    Quels hurlemens effroyables !
Quels spectres frappent les yeux !...

H v

Vous êtes moins redoutables,
Fiers lions, ours furieux.
Les noires vapeurs du foufre
Infectent ce trifte gouffre;
Chaque fens a fon bourreau.
En vain dans fa foif brûlante,
Le Damné qui fe tourmente,
Implore une goutte d'eau.

Le défefpoir le dévore.
Contre lui-même irrité,
Il fe maudit, il déplore
Le malheur d'avoir été.
Que d'un heureux coup de foudre
Ne fut-il réduit en poudre
Dans fa premiere faifon !...
Eh ! pourquoi, monftre exécrable,
A devenir plus coupable
Fit-il fervir fa raifon ?

Le Ciel qu'un regret achete,
Prix éternel des vertus,
Eut couronné la défaite
De fes vices combattus.
Grace toujours repouffée,
Reprochez à fa penfée
L'abus de votre fecours !...
De ce remords homicide,
Se nourrit la dent avide
D'un ver qui vivra toujours.

Dans l'image de fon crime
Dont il voit l'énormité,
Du bras vengeur qui l'opprime,
Il reconnoît l'équité.

A sa douleur il s'immole ;...
Retour tardif & frivole
D'un stérile repentir !
Un torrent de feux l'embrase ;
L'horrible poids qui l'écrase,
Ne le peut anéantir.

❧

O perte ! ô malheur extrême !
Sans ressource, sans appui,
Il perd son bonheur suprême,
Il n'est plus de Ciel pour lui.
Loin de la face adorable,
Dont le regard favorable
Remplit le cœur des Elus ;
Dans la plus cruelle peine,
Il est l'objet de la haine
D'un Dieu qu'il ne verra plus.

❧

A l'espoir son cœur se ferme,
Et le plus long avenir
N'amenera point le terme
D'un sort qui ne peut finir.
De mille ans le cours s'acheve ;
Il n'est point encor de treve
Pour ses maux renouvellés.
Et son Enfer recommence
Au bout de l'espace immense
Des siecles accumulés.

❧

Offrez-vous à notre idée,
Vagues atômes de l'air ;
Grains mouvans dont est bordée
La vaste & profonde mer ;
Que l'amas de vos parties
Au calcul assujetties,

H vj

Par les tems soit supporté :
Unités moins innombrables,
Que les siecles ineffables
Qu'enfante l'éternité.

Dieu vengeur, dont la colere
Cause une juste terreur ;
De votre glaive sévere
Qui soutiendra la fureur ?
Tonnez sur notre ame ingrate ;
Que votre justice éclate
Dans ce terrestre séjour ;
Mais qu'au jour de vos vengeances,
Objets de vos complaisances,
Nous méritions votre amour.

LA NÉCESSITÉ ET LES DOUCEURS
DE LA PÉNITENCE.

Sur l'Air : *Des ravages de Bellone*, &c.

Salutaire Pénitence,
Seul réfuge du Pécheur,
Tu calmes la conscience,
Et de l'aimable innocence
Tu remplaces la douceur.
Que de charmes   Ont les larmes,
Qui partent du fond du cœur !
L'abstinence,   La souffrance,
Perdent toute leur rigueur.
Quand on aime,   La mort même
Ne cause point de frayeur :
Souffrons, c'est l'appanage
D'un cœur vraiment Chrétien :
Prenons la Croix pour partage,
Qu'elle soit notre soutien.

LE PÉCHEUR INVITÉ A REVENIR
A DIEU.

Sur un Air ancien.

Reviens, Pécheur, à ton Dieu qui t'appelle ;
Viens au plutôt te ranger fons fa loi :
Tu n'as été déja que trop rebelle,
Reviens à lui puifqu'il revient à toi.

Dans tes écarts, fa voix s'eft fait entendre ;
Sans fe laffer, par-tout il te pourfuit :
D'un Roi, d'un Dieu, du pere le plus tendre,
Il a le cœur, & ton cœur dur le fuit.

Frayeurs, remords, attraits, fecret langage,
Rien n'échappoit à fon amour conftant :
A-t-il, pour toi, pu faire davantage ?
A-t-il, pour toi, dû même faire tant ?

S'il fut toujours pour toi plein de clémence,
Faut-il qu'encor tu peches chaque jour ?
Plus de rigueur vaincroit ta réfiftance ;
Tu l'aimerois s'il avoit moins d'amour.

Marche au grand jour que t'offre fa lumiere ;
A fa faveur tu peux faire le bien ;
Crains que la nuit ne borne ta carriere,
La nuit funefte, où l'on ne peut plus rien.

Ta courte vie eft un fonge qui paffe ;
Et de ta mort le jour eft incertain :

Ce Dieu ſi bon qui te promet ſa grace,
Te promit-il jamais le lendemain ?

Ou le Ciel doit te combler de délices,
Si la vertu te fuit à ton trépas :
Ou bien l'Enfer t'ouvrir ſes précipices,
Si c'eſt le crime, & tu n'y penſes pas.

LES REGRETS D'UN JEUNE PÉCHEUR.

Sur l'AIR : *Que vois-je ? c'eſt Iſſé, &c.*

QUEL fus-je ! quel je ſuis ! & quel eſt mon
malheur !
J'ai perdu l'aimable innocence,
Et déja mille fois outragé le Seigneur.
O fatal ſouvenir ! ô criminelle enfance !
Dans mon Dieu tant d'amour, dans moi tant d'in-
conſtance !
Coulez, mes pleurs, coulez, noyez dans vos torrens
La honte de mes jours naiſſans :
Vous ſeuls aurez pour moi des douceurs & des
charmes,
Regrets, ſanglots, ſoupirs & larmes.
Dieu Sauveur ! Dieu d'amour ! daigne écouter mon
cœur,
Il eſt droit & ſincere ;
Sois pour moi, ſois encor un pere :
Tu n'auras plus un fils Pécheur.

LE PÉCHEUR REVIENT A DIEU.

Sur un Air ancien.

VOICI, Seigneur, cette Brebis errante
Que vous daignez chercher depuis long-tems;
Touché, confus d'une si longue attente,
Sans plus tarder, je viens & je me rends.

Triste, éperdu, je cherchois un asyle,
Je m'efforçois à vivre sans effroi;
Mais, ô mon Dieu! pouvois-je être tranquile,
Si loin de vous, & vous si loin de moi?

Je me repens de mon erreur passée;
Contre le Ciel, contre vous j'ai péché:
Mais oubliez ma conduite insensée,
Et ne voyez en moi qu'un cœur touché.

Quand sous vos yeux, grand Dieu! je con-
      sidere,
Toute l'horreur de tant d'excès commis;
Comment oser vous appeller mon pere?
Comment oser me dire votre fils?

Dieu de mon cœur, principe de tout être,
Unique objet qui seul peut nous charmer,
Ai-je pu vivre, hélas! sans vous connoître!
Et vivre, hélas! toujours sans vous aimer!

Votre bonté surpasse ma malice;
Pardonnez-moi ce long égarement:

Je le détefte, il fait tout mon fupplice,
Et pour vous feul, je pleure amérement.

Je ne vois rien que mon cœur ne défie ;
Malheurs, tourmens, biens, charmes les plus doux ;
Non, fallut-il cent fois perdre la vie,
Rien ne pourra me féparer de vous.

LE PÉCHEUR IMPLORE LA MISÉRICORDE DE DIEU.

Sur l'Air : *Je vais revoir, &c.*

DU fond du fombre tombeau je t'implore,
Dieu Tout-Puiffant, Dieu que j'adore,
Tu vois mes maux & mes douleurs :
Laiffe-toi fléchir par mes pleurs :
Ah ! quel doit être mon fupplice,
Si tu n'entends que ta juftice !
Mais de ta bonté, fouviens-toi,
Et que s'offrant en facrifice,
Ton propre fils eft mort pour moi.

O Dieu clément ! ô charitable pere !
Si peu touché de ma priere,
Tu fermes ton cœur à mes cris :
Du Péché, vois quel fut le prix....
Arrête ton bras redoutable,
Pourrois-tu frapper un coupable
Tout couvert du fang de ton fils ?
Pourrois-tu frapper un coupable
Tout couvert du fang de ton fils ?

LES LARMES DE LA PÉNITENCE.

Sur un Air nouveau.

GRACE, grace, Seigneur, arrête tes vengeances,
Ne tourne point fur moi tes regards irrités ;
J'ai péché, mais je pleure, oppofe à mes offenfes,
Oppofe à leur grandeur celle de tes bontés.

Je fais tous mes forfaits, j'en connois l'étendue ;
En tous lieux, à toute heure, ils parlent contre moi :
Par tant d'accufateurs mon ame confondue,
Ne prétend pas contr'eux difputer devant toi.

Tu m'avois par ta main conduit dès ma naiffance :
Sur ma foibleffe en vain je voudrois m'excufer,
Tu m'avois fait, Seigneur, goûter ta connoiffance :
Mais de tes dons, hélas ! je n'ai fait qu'abufer.

De tant d'iniquités la foule m'environne ;
Fils ingrat, cœur perfide, en proie à mes remords,
La terreur me faifit, je tremble, je friffonne ;
Pâle, & les yeux éteints, je defcends chez les Morts.

Ma voix fort du tombeau, c'eft du fond de l'abîme
Que j'élève vers toi mes lugubres accens :
Fais monter jufqu'au pied de ton trône fublime
Cette mourante voix, & ces cris languiffans.

O mon Dieu !.... quoi, ce nom, je le prononce
      encor ?
Non, non, je t'ai perdu, j'ai ceffé de t'aimer :

O toi ! qu'en frémiffant je fupplie & j'adore,
Grand Dieu ! d'un nom plus doux puis-je ofer te
   nommer ?

Dans les gémiffemens, l'amertume & les larmes,
Je repaffe des jours perdus dans les plaifirs ;
Et voilà tout le fruit de ces jours pleins de charmes :
Un fouvenir affreux, la honte & les foupirs.

Ces foupirs, devant toi, font ma feule défenfe,..
Un coupable, par eux ne peut-il t'attendrir ?
N'as-tu pas un tréfor de grace & de clémence?..
Dieu de miféricorde ! il eft tems de l'ouvrir.

Où fuir & me cacher, tremblante créature,
Si tu viens en courroux pour compter avec moi?
Que dis-je? Etre infini ! dans toi je me raffure,
Et me fens trop heureux de compter avec toi.

L'homme feul eft pour l'homme un Juge inexorable :
Où l'efclave auroit-il appris à pardonner ?
C'eft la gloire du Maître : abfoudre le coupable
N'appartient qu'à celui qui le peut condamner.

Tu le peux, cependant, tu veux qu'il te défarme.
Il te fait violence, il devient ton vainqueur :
Le combat n'eft pas long, il ne faut qu'une larme..
Que de Péchés efface une larme du cœur !

Non jamais, non, grand Dieu ! tu nous l'as dit toi-
   même,
Un cœur humble & contrit ne fera méprifé :

Le mien l'est, tu le vois, tu reconnois qu'il t'aime;
Il est digne de toi, la douleur l'a brisé.

Si tu le ranimois de sa premiere flamme,
Que bientôt il auroit sa joie & sa vigueur !
Mais non, fais plus pour moi, renouvelle mon ame,
Et daigne dans mon sein former un nouveau cœur.

De mes crimes alors je te ferai justice,
Et ma reconnoissance armera ma rigueur !
Oui, tu peux me laisser le soin de mon supplice :
Je veux être pour toi mon juge & ton vengeur.

Le tourment est toujours au crime nécessaire :
J'ai ma grace à ce prix, il la faut mériter ;
Je te dois, je le fais, je veux te satisfaire :
Mais donne-moi, grand Dieu ! le tems de m'acquitter.

Plus heureux est celui que tu frappes en pere :
Il connoît ton amour à ta sévérité :
Ici-bas, quels que soient les coups de ta colere,
L'enfant que tu punis, n'est point déshérité.

Coupe, brûle ce corps, & conserve mon ame ;
Frappe, fais moi payer tout ce qui fut à toi :
Arme-toi dans le tems, du fer & de la flamme ;
Mais dans l'Eternité, Seigneur, épargne-moi.

Quand j'aurois, sous tes loix, vécu depuis l'enfance,
Criminel en naissant, je ne dois que pleurer :
Pour me conduire à toi, la route & la souffrance,
Route affreuse sans doute !.. grand Dieu ! j'y veux
    marcher.

De la main de ton Fils j'accepte le Calice :
Mais, hélas ! je me sens déja prêt à trembler :
De ce trouble honteux mon cœur est-il complice ?
Je suis le criminel, . . . pourrois-je reculer ?

C'est ton Fils qui le tient, que ma foi se rallume !
Il l'a bû le premier, oserois-je en douter ?
Que dis-je ! il en a bû la plus grande amertume,
Il m'en laisse le reste, n'oserois-je en goûter ?

Je me jette à tes pieds, ô Croix ! chaire sublime,
D'où le Dieu de douleurs instruit tout l'Univers !
Saint Autel, où l'amour embrase la victime !
Arbre où mon Rédempteur vient suspendre mes fers.

Etendart de mon chef, qui marche à notre tête,
Tribunal où j'adore & mon Juge & mon Roi,
Trône & char du vainqueur dont je suis la conquête,
Lit où je pris le jour ! que j'expire sur toi !

PRIERE D'UN PÉCHEUR

PÉNÉTRÉ DU REGRET DE SES CRIMES.

Sur l'AIR : *Reviens, parjure ami, &c.*

DAIGNEZ, Dieu de bonté, dissiper les alarmes,
Où de mille forfaits m'a plongé la noirceur.
Soyez, hélas ! touché de ce torrent de larmes,
Qu'arrache à mes yeux la douleur.   FIN.

Le triste souvenir d'avoir pu vous déplaire,
En r'ouvrira le cours jusqu'au dernier soupir.
Pour vous venger, ô tendre Pere !

Ah ! de regret, d'amour, que ne puis-je mourir !
Ah ! de regret, d'amour, que ne puis-je mourir !
    Daignez, Dieu, &c.

SENTIMENS DE PÉNITENCE
ET D'AMOUR.

Sur l'Air : *Solitaire témoin , &c.*

SOLITAIRE témoin du regret qui m'accable,
Echo, du Créateur ici tout suit la Loi,
    Pourquoi pleurez-vous avec moi ?
    Laissez pleurer seul le coupable :
Ou pour mieux désarmer un Dieu juge irrité,
    Portez mes vœux vers cet Etre suprême,
    Et si l'amour jamais n'est rejetté,
        Echo, dites-lui que je l'aime,
    Echo, écho, dites-lui que je l'aime.

Hélas ! pour l'appaiser, je ne saurois suffire.
Echo, c'est par vos sons que je veux m'exprimer,
    Je n'ai qu'un seul cœur pour l'aimer,
    Qu'une seule voix pour le dire.
Joignez-vous donc à moi, doublez mes sentimens,
    Et devenez comme un autre moi-même,
    Pleurons tous deux sur mes égaremens :
        Echo, disons-lui que je l'aime,
    Echo, écho, disons-lui que je l'aime.

Dieu pardonne mon crime : ô Ciel ! quelle clé-
        mence !
Echo, ne pleurons plus, unissons notre voix,
        Rendons-lui l'hommage à la fois
        D'une double reconnoissance....

Si mon cœur malheureux après ce grand bienfait,
   Cesse jamais d'aimer la bonté même,
Contre un ingrat noirci d'un tel forfait,
   Echo, prononcez anathême,
   Echo, écho, prononcez anathême.

LA MISÉRICORDE DE DIEU
ENVERS LE PÉCHEUR.

Sur l'Air : *Arrachez de mon cœur, &c.*

Par quels vœux, ô Seigneur ! & par quelles vic-
   times,
Pourrai je détourner ta haine que je crains ?
J'ai mérité la mort; ah ! pour de moindres crimes,
Le Monde a vu tomber les carreaux de tes mains.

L'excès de tes bontés augmente mon offense,
Tu m'as comblé de biens au lieu de me punir, . . .
Dieu ! l'on voit, quel prodige ! une égale constance
En moi pour t'offenser, en toi pour me bénir.

Il est vrai, mon Sauveur, mes fautes sont mortelles;
Toujours ma passion s'oppose à tes projets :
Mais, hélas ! si tu perds tous ceux qui sont rebelles,
En quel lieu de la Terre auras-tu des sujets ?

Mes forfaits d'un côté provoquent ta justice,
De l'autre, ta bonté demande mon pardon :
As-tu moins de bonté que je n'ai de malice ?
Serois-je plus méchant que tu ne serois bon ?

Il y va de mon bien, il y va de ta gloire :
Rends-toi le maître feul d'un cœur trop obfiné ;
Ton triomphe eft le mien, je gagne en ta victoire ;
Quand tu feras vainqueur, je ferai couronné.

ACTE D'ESPÉRANCE APRÈS LE PÉCHÉ.

Sur l'Air : *Aimable vainqueur, &c.*

L'Espoir le plus doux
Me conduit vers vous,
O Dieu de clémence !
  Votre vengeance
Cherche à fe calmer ;
  La confiance,
L'humble pénitence,
Sait la défarmer.

Le plus grand Pécheur,
Trouve un afyle
Dans l'accès facile
Qu'ouvre votre cœur.

  Votre bonté,
De l'iniquité
Efface l'injure,
Elle me raffure,
Elle eft mon recours ;
  J'y viens, j'y cours :
El'e eft fans mefure,
J'efpere toujours.

ACTE DE RENONCEMENT AU DÉMON.

Sur l'Air : *Triftes apprêts, pâles flambeaux.*

Fuis, feul auteur de tous mes maux,
Monftre échappé du noir abîme :
Fuis, rentre aux gouffres infernaux,
Fuis, rentre aux gouffres infernaux :
Non, non, n'efpere plus de m'entraîner au crime,
Non, non, n'efpere plus de m'entraîner au crime. FIN.

C'en eft fait, mes yeux font ouverts :
Le Tout-Puiffant & m'éclaire & m'infpire ;
Par fon fecours, je romps fans regret tous tes fers,
Et je m'attache à fon empire.

Fuis, feul auteur, &c.

RÉSOLUTION DE DONNER SON CŒUR
A DIEU POUR JAMAIS.

Sur l'Air : *Ce que je dis eft la vérité même, &c.*

Non, non, non, non, l'inconftance volage
Ne pourra plus rien fur mon cœur ;
Jufqu'au dernier des inftans de mon âge,
Je veux qu'il foit fans partage au Seigneur. FIN.

Jufqu'ici ce cœur trop coupable,
Vers mille objets a porté fes defirs :
Il eft tems que le feul aimable
Ait pour lui feul tous mes foupirs.

Non, non, &c.

LA

LA FUITE DES OCCASIONS.

Sur l'Air : *Dans le remords qui m'accable, &c.*

UN Chrétien qui s'expose au bord du précipice,
Se voit bientôt puni de sa témérité :
On ne tente jamais la divine bonté,
    Que l'on n'irrite sa justice.
    Par de saintes précautions,
Il faut nous éloigner de ces occasions,
Où toujours la vertu reçoit quelque dommage :
Qui nous a dit que Dieu viendra nous secourir ?
    C'est avoir déja fait naufrage,
Que d'oser affronter le hasard de périr.

    C'est avoir, &c.

IDÉE DU CIEL.

Sur un Air nouveau.

AU - DESSUS des Cieux même est un trône ter-
    rible,
Que la foudre environne, & rend inaccessible :
Les Esprits les plus purs, de sa gloire étonnés,
De leurs aîles couverts, y tremblent prosternés.

Il est avant les tems, les Cieux & la lumiere :
Les Astres près de lui ne sont qu'ombre & poussiere ;
Et ce trône s'éleve encor plus sur ces feux,
Que les Enfers profonds ne s'abaissent sous eux.

Sur ce trône éclatant regne l'Etre suprême :
Son Fils, Verbe fait homme, aussi grand que lui-
    même,

                 I

Est assis à sa droite, & vainqueur de la mort,
Tient à ses pieds le tems, la nature & le sort.

De leurs perfections naît leur amour immense,
Esprit vivifiant, même feu, même essence :
Ces trois divins Soleils unissant leur clarté
Forment de l'Eternel l'ineffable unité.

LES DÉLICES DU CIEL.

Sur l'AIR : *Que ce jour est charmant, &c.*

O CITÉ du Seigneur ! Sion, que tu me plais !
Heureux qui dans ton sein sut mériter un trône !
Heureux qui dans ton sein sut mériter un trône !
FIN.

L'éclat des plus rians Palais
Ne vaut point la clarté du jour qui l'environne,
Dans le regne éternel de l'innocente paix,
Le Dieu de gloire y devient sa couronne.

O Cité du Seigneur, &c.

O Patrie ! ô séjour de l'immortel bonheur !
O quand de mon exil essuiras-tu les larmes ?
O quand de mon exil essuiras-tu les larmes ? FIN.

Ici tout est plein de douleur,
De travaux, de dangers, de craintes & d'alarmes :
Le plus doux des transports s'empare de mon cœur,
Sainte Sion ! quand je pense à tes charmes.

O Patrie ! &c.

DESIRS DU CIEL.

Sur l'AIR : *Je vais revoir ma charmante, &c.*

CITÉ des Saints, ô séjour plein de charmes,
Où dans un calme sans alarmes,
On goûte un éternel bonheur !
Tout est plein ici de douleur,
Tout n'est que maux dans cette vie :
Quand te verrai-je ? ô ma Patrie !
   Seul objet cher à mon cœur ?

    Quand te, &c.

Séjour heureux où regne l'innocence,
Où Dieu même est la récompense
Et le terme de nos combats,
Qu'ils sont faux les biens d'ici-bas !
Que nos plaisirs sont peu durables !
Que les tiens sont bien plus aimables !
   Seuls ils ne tarissent pas.

    Que les, &c.

Loin de ton sein la tristesse est bannie ;
De son bonheur l'ame est ravie,
Et ne forme point d soupirs :
Doux momens, célestes plaisirs !
Quand vous verrai-je enfin éclore ?
Dieu, que seul j'aime & que j'adore,
   Met le comble à mes desirs.

    Dieu, &c.

I ij

L'AME DANS LA RETRAITE, DÉGOUTÉE DES BIENS DU MONDE, SOUPIRE APRÈS LES ÉTERNELS.

Sur l'Air : *Ah ! que ma voix me devient chere !*

CHERE Sion, que ta mémoire
Dans ce fatal exil nous fait verser de pleurs !
Loin de tes murs sacrés, plongés dans les malheurs,
Le doux souvenir de ta gloire
Aigrit tous les jours nos douleurs.

En voyant Dieu dans ton enceinte,
On goûte & les vrais biens & les plaisirs parfaits:
Quand pourrons-nous dans sa demeure sainte,
Le voir & l'aimer à jamais ?

Chere, &c.

PRIERE

POUR DEMANDER A DIEU LE DON DE LA PERSÉVÉRANCE.

Sur l'Air : *Charmant objet de ma flamme, &c.*

ACHEVE; ô Dieu de puissance !
Acheve ton œuvre en moi :
Fixe ma foible constance
Dans la route de ta Loi.　　　　FIN.

Mon cœur volage	Par-tout s'engage :
Mon cœur volage	Par-tout s'engage :
Tout mon courage,	Tout moncourage,

Succombe, hélas !
Si ton appui ne l'aide pas,
Si ton appui ne l'aide pas.
O Seigneur !
Seul Sauveur,
Sois toujours
Mon secours.
Viens dans moi briser les chaînes
De mille attaches humaines,
Et n'y laisse pour jamais
Que l'amour de tes attraits :
Et n'y laisse, &c.

Acheve, ô Dieu, &c.

PRIERE POUR DEMANDER A DIEU LA CONSERVATION, LA GLOIRE ET LE SALUT DU ROI.

Sur l'AIR : *Malgré la bataille, &c.*

O DIEU de tout être,
D'où vient tout secours !
Du Roi notre Maître
Conserve les jours.
Que ce Prince aimable,
Si cher à nos cœurs,
D'un bonheur durable
Goûte les douceurs !

Regne sur son trône,
Toujours avec lui,
Sois de sa couronne
La force & l'appui,
Jette l'épouvante

I iij

Sur ses ennemis :
A sa main puissante
Rends-les tous soumis.

Fais que son partage,
Soit de plus en plus,
L'heureux assemblage
Des grandes vertus ;
Fais qu'avec toi-même,
Ce Roi glorieux
Porte un diadème
Dans le sein des Cieux.

SENTIMENS DE PIÉTÉ SUR CE RECUEIL.

Sur un Air nouveau.

AH ! ah ! que j'aurois bien mieux chanté
Vos bienfaits ! ô Dieu que j'adore !
Si par vous mon cœur enchanté,
Brûloit du feu qui vous dévore.
Pour prix de mes efforts, cher Époux de mon ame !
Que votre ardent amour daigne embraser mon
cœur !
Ah ! s'il brûle ici-bas de la céleste flamme,
Le voilà pour jamais au comble du bonheur.
Ah ! s'il brûle ici bas de la céleste flamme,
Le voilà pour jamais au comble du bonheur.

FIN.

PRIERES ET ACTES
AVANT ET APRÈS LE CATÉCHISME.

PRIERE AVANT LE CATÉCHISME.

Venez, Esprit Créateur, venez en nous réparer l'ouvrage de vos mains ; nous avons besoin de vos graces les plus douces & les plus fortes, éclairez-nous vous-même & touchez-nous, vous soufflez où il vous plaît, Esprit de Dieu, Esprit du Pere & du Fils, Dieu vous-même, en qui nous croyons. Personne adorable, daignez nous visiter & vous glorifier en nous. Hélas ! nous n'éprouvons dans nos sens que fragilité, dans notre esprit que ténebres, dans notre volonté qu'inconstance, dans notre conduite que partage entre vous & l'esprit de la terre : faites que nous évitions sous vos auspices tout ce qui pourroit former des obstacles au succès de notre instruction & à la sainteté de nos mœurs. Ainsi soit-il.

PRIERE A JESUS-CHRIST.

DIVIN Jesus qui avez aimé les Enfans, & qui avez pris plaisir à leur parler, parlez à notre cœur dans les instructions que vos Ministres vont nous faire : eh ! à qui irions-nous, Sauveur aimable ? vous avez seul les paroles de la vie éternelle. Souvenez-vous, Seigneur Jesus, de vos anciennes bontés pour les Enfans. Accordez-nous, ô notre bon Maître ! l'intelligence de votre sainte Doctrine : apprenez-nous à porter dès nos jeunes années le joug aimable de votre Loi. Enseignez-nous à être doux & humbles de cœur comme vous ; que nos peres & meres & la sainte Eglise se félicitent toujours de notre obéissance à leurs commandemens. Conservez, augmentez, fortifiez la grace que vous avez répandue dans nos ames, afin qu'ayant soutenu jusqu'à la fin par une vie toute Chrétienne, l'honneur & les engagemens de notre Baptême, nous obtenions de vous & par vous l'héritage des Enfans dans la gloire où vous regnez avec le Pere & le Saint-Esprit. Ainsi soit-il.

PRIERE A LA SAINTE VIERGE.

Vierge Sainte, notre bonne Mere &
notre puissante protectrice, nous allons avoir
le bonheur d'entendre parler de votre cher
Fils; ses aimables qualités, sa divine morale
& ses commandemens vont être retracés
dans notre mémoire; obtenez-nous la grace
qu'ils soient gravés dans notre cœur, comme
vous conserviez dans le vôtre toutes les paroles qui avoient quelque rapport à sa divine
personne. Ainsi soit-il.

PRIERE APRÈS LE CATÉCHISME.

Nous vous remercions avec toute la reconnoissance qui nous est possible, ô vraie
lumiere des ames, divin Jesus ! de toutes
les belles & saintes connoissances que vous
venez de nous donner des vérités de votre
divine Doctrine. Faites, s'il vous plaît, par
la vertu de votre sainte grace, qu'elles ne
s'effacent jamais de notre mémoire; au con-
traire, gravez-les profondément dans notre
esprit, pénétrez-en nos cœurs, afin qu'elles
nous dirigent dès notre jeunesse, qu'elles
nous rendent fideles à vous servir, fervens à

I v

yous aimer, & qu'ainſi nous ſoyons bénis de vous dans le tems & dans l'Eternité. Ainſi ſoit-il.

ACTES DES VERTUS THÉOLOGALES.

ACTE DE FOI.

MON Dieu, je crois en vous, & tout ce que croit & enſeigne votre ſainte Egliſe; je le crois, parce que c'eſt vous, ô mon Dieu, qui l'avez dit & révélé; & que vous êtes la ſouveraine vérité qui ne pouvez vous tromper, ni nous tromper.

ACTE D'ESPÉRANCE.

MON Dieu, j'eſpere en vous, & mon ſalut éternel avec les graces & les ſecours néceſſaires pour y arriver; je l'eſpere par les mérites de Jeſus-Chriſt mon Sauveur, parce que vos miſéricordes ſont infinies, & que vous êtes fidele à vos promeſſes.

ACTE DE CHARITÉ.

MON Dieu, je vous aime de tout mon cœur, de toute mon ame, de toutes mes forces, & par-deſſus toutes choſes, parce que vous êtes infiniment bon & infiniment

aimable, & j'aime mon prochain comme
moi-même pour l'amour de vous, & parce
que vous me le commandez.

Nota. Le Pape Benoît XIV a accordé à tous
les Fideles de l'un & de l'autre sexe, qui réciteront de bouche & du fond de leur cœur tous les
jours pendant le mois, les Actes de Foi, d'Espérance & de Charité, 1°. une Indulgence Pléniere
qu'ils pourront gagner une fois chaque mois & le
jour qu'ils choisiront, auquel s'étant confessés, &
ayant communié, ils prieront dévotement pour la
concorde entre les Princes Chrétiens, pour l'extir-
pation de l'Héréfie, pour l'exaltation de l'Eglise
notre sainte Mere ; (pour remplir l'intention du
Souverain Pontife, il suffit de réciter *cinq Pater*
& *cinq Ave*,) ils pourront appliquer cette Indulgence aux Morts ; 2°. une Indulgence Pléniere à
l'article de la mort ; 3°. une Indulgence de sept
ans & de sept quarantaines qu'ils pourront gagner,
non-seulement une fois chaque jour, mais autant
de fois chaque jour qu'ils réciteront les susdits Actes,
& qu'ils pourront appliquer aux Morts. Ces Indulgences ne sont point attachées à une formule d'actes
plutôt qu'à une autre, on peut les réciter tels qu'on
veut, pourvu qu'on exprime dans chacun le mo-
tif particulier à chaque vertu.

PRIERE DE SAINT BERNARD
A LA SAINTE VIERGE.

SOUVENEZ-VOUS, ô très-pieufe Vierge Marie, qu'on n'a jamais ouï dire qu'aucun de ceux qui ont eu recours à votre protection, imploré votre fecours, & demandé vos fuffrages, ait été abandonné. Animé de cette confiance, ô Vierge, Mere des Vierges, je cours & viens à vous, & gémiffant fous le poids de mes péchés, je me profterne à vos pieds. O Mere du Verbe, ne méprifez pas mes prieres, mais écoutez-les favorablement & daignez les exaucer. Ainfi foit-il.

Faites voir que vous êtes notre Mere, & que celui qui pour nous fauver, a bien voulu naître de vous, reçoive par vous nos prieres.

Indulgences accordées par les Souverains Pontifes en faveur de la Doctrine Chrétienne.

LES Papes Pie V & Grégoire XIII accordent ;

1°. A tous ceux & celles qui feront caufe que les Enfans, Serviteurs ou autres perfonnes affifteront à la Doctrine Chrétienne, cent jours chaque fois.

2°. A ceux qui les y ameneront, ou la leur enfeigneront les jours de Fête, fept ans.

3°. Aux Maîtres & Maitreffes qui l'enfeigneront les jours ouvriers en public ou en particulier dans leurs Ecoles, cent jours chaque fois.

4°. A tous les Peres & Meres de famille qui l'enfeigneront à leurs Enfans, Serviteurs & Domeftiques de tout fexe, cent jours chaque fois.

5°. A tous ceux & celles qui l'apprendront, ou qui, lorfqu'on l'enfeignera, y affifteront au moins l'efpace d'une demi-heure, cent jours chaque fois.

F I N.

TABLE
DES CANTIQUES,
Contenus dans ce Volume.

PREMIERE PARTIE.

SECONDE PARTIE.

TROISIEME PARTIE.

Fin de la Table des Cantiques.

APPROBATION.

J'AI lu par ordre de Monſeigneur le Garde des Sceaux, un manuſcrit qui a pour titre : *Cantiques Spirituels, &c.* Et je n'y ai rien trouvé qui m'ait paru devoir en empêcher l'impreſſion. A Paris, ce 14 Août 1781.

Signé, DELAHOGUE.

PRIVILÉGE DU ROI.

LOUIS, par la grace de Dieu, Roi de France & de Navarre : A nos amés & féaux Conſeillers, les Gens tenans nos Cours de Parlement, Maîtres des Requêtes ordinaires de notre Hôtel, Grand-Conſeil, Prévôt de Paris, Baillifs, Sénéchaux, leurs Lieutenans Civils & autres nos Juſticiers qu'il appartiendra : SALUT. Notre amé le Sieur BERTON, Libraire à Paris, Nous a fait expoſer qu'il deſire-roit faire imprimer & donner au Public un Ou-vrage intitulé : *Cantiques Spirituels ſur les prin-cipales vérités de la Religion, &c* : s'il Nous plai-ſoit lui accorder nos Lettres de Privilége pour ce néceſſaires. A CES CAUSES, voulant favorable-ment traiter l'Expoſant, Nous lui avons permis & permettons par ces Préſentes de faire imprimer ledit Ouvrage autant de fois que bon lui ſemblera, & de le vendre, faire vendre & débiter par tout notre Royaume, pendant le temps de dix années conſé-cutives, à compter du jour de la date des Préſentes. FAISONS défenſes à tous Imprimeurs, Libraires & autres perſonnes de quelque qualité & condition qu'elles ſoient, d'en introduire d'impreſſion étran-

gere dans aucun lieu de notre obéissance ; comme
aussi d'imprimer ou faire imprimer, vendre, faire
vendre , débiter ni contrefaire ledit Ouvrage ,
sous quelque prétexte que ce puisse être , sans la
permission expresse & par écrit dudit Exposant, ses
hoirs ou ayans-cause, à peine de saisie & confiscation
des Exemplaires contrefaits, de six mille livres d'a-
mende , qui ne pourra être modérée, pour la premiere fois , de pareille amende & de déchéance
d'état en cas de récidive, & de tous dépens, dom-
mages & intérêts, conformément à l'Arrêt du Conseil
du 30 Août 1777 , concernant les contrefaçons.
A la charge que ces Présentes seront enregistrées
tout au long sur le Registre de la Communauté
des Imprimeurs & Libraires de Paris , dans trois
mois de la date d'icelles ; que l'impression dudit
Ouvrage sera faite dans notre Royaume & non
ailleurs , en beau papier & beaux caracteres, conformément aux Réglemens de la Librairie, à peine
de déchéance du présent Privilége ; qu'avant de
l'exposer en vente , le manuscrit qui aura servi de
copie à l'impression dudit Ouvrage, sera remis dans
le même état où l'Approbation y aura été donnée, ès mains de notre très-cher & féal Chevalier,
Garde des Sceaux de France, le Sieur HUE DE
MIROMÉNIL , Commandeur de nos Ordres , qu'il
en sera ensuite remis deux Exemplaires dans notre
Bibliothéque publique, un dans celle de notre Châ-
teau du Louvre , un dans celle de notre très-cher
& féal Chevalier, Chancelier de France , le Sieur
DE MAUPFOU , & un dans celle dudit sieur HUE
DE MIROMENIL : le tout à peine de nullité des
Présentes. Du contenu desquelles vous mandons
& enjoignons de faire jouir ledit Exposant & ses
ayans - causes, pleinement & paisiblement , sans
souffrir qu'il leur soit fait aucun trouble ou em-
pêchement. Voulons que la copie des Présentes ,

qui sera imprimée tout au long au commencement
ou à la fin dudit Ouvrage, soit tenue pour duement
signifiée, & qu'aux copies collationnées par l'un
de nos amés & féaux Conseillers-Secrétaires, foi
soit ajoutée comme à l'original. Commandons au
premier notre Huissier ou Sergent sur ce requis,
de faire pour l'exécution d'icelles, tous Actes requis & nécessaires, sans demander autre permission,
& nonobstant clameur de Haro, Charte Norman-
de, & Lettres à ce contraires : CAR tel est notre
plaisir. Donné à Versailles, le trente-uniéme jour
du mois d'Octobre, l'an de grace mil sept cent
quatre-vingt un, & de notre Regne le huitiéme.
Par le Roi en son Conseil.

Signé, LE BEGUE.

Registré sur le Registre XXI de la Chambre
Royale & Syndicale des Libraires & Imprimeurs
de Paris, N°. 2493, fol. 590, conformément aux
dispositions énoncées dans le présent Privilége; &
à la charge de remettre à ladite Chambre, les huit
Exemplaires prescrits par l'article CVIII du Ré-
glement de 1723. A Paris, ce 16 Novembre 1781.

Signé, LECLERC, Syndic.

De l'Imprimerie de CHARDON, rue Galande.